〔美〕达雷尔·达菲 **(Darrell Duffie)** 著

王蕾 译

高级金融学译丛

Finance Textbook

公司违约
风险测度
MEASURING CORPORATE
DEFAULT RISK

格致出版社 上海人民出版社

译者序

　　达雷尔·达菲教授是美国斯坦福大学商学院金融学教授,同时也是美国人文与科学院研究员、世界计量经济学会理事和研究员、美国国家经济研究局研究员、美国纽约联邦储备银行财务圆桌咨询会委员以及穆迪公司董事会董事。主要研究领域包括资产定价、金融风险管理、信用风险、衍生产品估值、场外市场和利率期限结构等,20世纪80年代,达菲教授就开始进行信用风险领域的研究,提出了一系列风险测度模型和方法,推动了信用风险测度理论和实务的发展。

　　《公司违约风险测度》以作者在牛津大学克莱拉登系列金融讲座的内容为基础,利用美国上市公司三十多年的数据,从随机强度模型的角度,提出并检验了全新的预测公司违约风险的统计学方法。作者通过本书的模型和实证检验得出:不同公司之间的违约具有一定的相关性,在已有理论中,违约相关性是可观测的,但作者认为,更多的公司违约来自于不可观测的隐含的相关性,在公司违约测度模型中需要将这些相关性包含在内,才能更为准确地估计公司违约风险。同时,作者在新创建的公司违约风险测度模型中加入了"违约距离"这一解释变量,更加充分地揭示了公司违约风险的来源。本书汇集了作者及其合作者十多年的研究成果,不仅从方法论上阐释了公司违约风险测度模型,而且通过翔实的数据,对所提出的测度方法进行了实证检验,大大丰富了违约风险测度理论。

本书的主体内容分为两部分,共7章。同时为了方便读者,还提供了9个附录,主要涉及书中所需要掌握的数学知识。本书主体内容的第一部分为统计基础,共3章(分别为第2章、第3章和第6章),主要为读者介绍对具有随机强度的违约事件建模并进行估计所需的数学基础知识。第2章介绍对具有随机强度事件构建模型的数学基础。第3章介绍生存概率期限结构极大似然估计的理论基础。第6章介绍随机强度下对相关违约建立脆弱模型的数学基础。主体内容的第二部分为实证章节,共4章(分别为第4章、第5章和第7章),主要为读者介绍基于北美非金融企业三十多年数据的实证研究结果。第4章介绍了一种条件违约概率期限结构的动态估计模型。第5章是对第4章所介绍的估计模型是否能有效刻画违约相关性进行的一系列检验。第7章对联合违约脆弱模型进行了估计。本书的两个主体部分是相互独立的,读者如果仅对实证部分感兴趣的话,可以跳过第一部分而直接阅读第二部分,不会影响对第二部分内容的理解。

本书的读者最好具备大学本科以上的高等数学背景知识,尤其是对测度理论和概率论应该有较好的掌握。如果读者不了解以上数学背景知识,可以参阅书后的有关附录,这些附录为读者提供了本书所需的系统的数学知识。由于本书主要讨论公司违约风险的经验估计问题,既有理论模型,也有实证检验,因此,只要对公司违约风险感兴趣的读者,包括学术界、监管当局和金融服务业的研究人员和从业人员,都可以阅读本书。同时,本书也为信用风险测度理论的研究人员提供了新的研究思路、模型和方法。

由于本书的内容比较深奥,有些术语也不常见,因此,本书的翻译过程比较艰难,有些术语的翻译可能不太准确。如果读者在阅读过程中发现译稿中的错误,由本人承担全部责任,同时,也恳请各位批评指正。

　　非常感谢达菲教授对本书中文版翻译提供的帮助和支持。感谢西安交通大学的薛宏刚教授,在本书翻译出第一稿后,他和译者一起对译稿逐字订正,帮我纠正了很多问题。感谢西北大学的仝宜老师对译稿提出的建议。感谢我的研究生张婧婕、赵小莉、王彤和冯倩楠对本书初稿的版式做出的贡献。非常感谢格致出版社的同仁,尤其是钱敏女士和王韵霏女士,她们为本书的出版付出了大量艰苦的工作,没有她们的督促和帮助,本书的翻译工作可能无法完成。最后,向所有为本书的出版做出努力的同仁,再一次表示由衷的感谢!

王　蕾

2014 年 9 月于西安

中文版序

《公司违约风险测度》一书的中文版,是在全球尤其是中国的信贷市场迎来巨大发展的背景下面世的。当全球经济最终开始从2007—2009年的大衰退中复苏时,各个公司也开始对其资产负债表进行重组,开始通过新的途径获取信贷支持。本书采用的方法有很多缺点,其中之一就是这些方法是建立在违约发生率和违约压力测试之间具有长期关系的基础上,尤其是基于大家所熟知的"违约距离"这一经波动性调整的杠杆工具。该生存压力测试基于著名的布莱克—默顿—斯科尔斯期权理论。随着后危机时期全球银行市场的变化,以及未来经济增速远低于历史增速的这一情况的出现,我们无法确定违约距离和公司违约概率之间是否还存在长期关系。尽管本书所探讨的方法同时考虑了宏观经济压力和潜在变量,但我仍然希望改进更多的公司违约结构模型。我希望从事公司违约风险研究的学者,尤其是中国学者在他们的研究中能够纳入新的压力测试指标,特别是能够加入一些信贷测量工具。书中的实证结果是对本书介绍的一系列方法的例证,同时也有效地预测了美国公司的违约情况,然而,如果不作特殊调整,这些方法也许无法有效地估计中国企业的违约率。我希望中国的学者可以分享这方面的最新研究成果。

中国的信贷市场正在经历巨大的变化,银行和企业从国内外两个渠道获取信贷资源并加以利用。中国的企业债市场也正经历着飞速的发展。在过去几十年中,中国的大企业很少破产或经历其他形式的法律清算,部分原因是政府还在支持这些大企业。市场结构和政府功能的变化同时给中国企业的违约统计模型提出了特殊的挑战。在违约预测过程中,主观判断仍然发挥着很大的作用。从 2008 年 10 月开始,我成为全球著名的信用评级机构——穆迪公司的董事。尽管穆迪公司为本书提供了数据,但本书所有观点和方法都仅代表我和我的合作者。我和我的合作者在 10 年前就开始了本书的研究,非常感谢他们为我提供了与他们一起进行系列研究的机会,他们是 Sanjiv Das、Andreas Eckner、Guillaume Horel、Nikunj Kapadia、Leandro Saita 和 Ke Wang。尽管我们在公司违约测度方面取得了一定的成果,但未来仍然需要其他学者对此进行大量的研究。

非常感谢王蕾博士将本书译为中文,也非常感谢为本书中文版的出版做出努力的各位。如果本书对中国读者有所帮助,我将由衷地感到欣慰。

达雷尔·达菲

于斯坦福大学

2013 年 11 月

致谢

　　本著作主要讨论如何解决公司违约风险的经验估计问题,读者主要包括学术界、监管当局和金融服务行业的研究人员。对于打算将学习重点放在统计方法上的读者,应具备研究生水平的概率论理论知识。

　　除了公共数据外,非常感谢穆迪公司提供的企业违约数据。我也要特别感谢穆迪公司的 Richard Cantor 和 Roger Stein,他们对我和穆迪学术咨询研究委员会的研究工作给予了长期的支持。2008 年 10 月,我加入了穆迪公司董事会,Edward Altman 非常慷慨地为我提供了更多有用的企业违约数据。特别感谢 Andrew Schuller 的组织和编辑工作,感谢 Andrew Schuller、Jenni Craig 和 Colin Mayer,2004 年 6 月我在牛津大学举办克拉伦登金融讲座时,他们给予了热情的接待,本书的很多内容都来自此次讲座。非常感谢 Sanjiv Das、Andreas Eckner、Guillaume Horel、Nikunj Kapadia、Leandro Saita 和 Ke Wang,正因为与他们的多种合作,才有了今天这本书中的主要内容。同时也要感谢 Sergey Lobanov 和 Sabri Öncü 在研究方面的大力帮助,感谢 Michael Johannes、Jun Liu 和 Xiao-Li Meng 关于 MCMC 方法的有意义的交流,感谢 Antje Berndt、Rohan Douglas、Mark Ferguson、Nicolae Gârleanu、Ming Huang、David Lando、Lasse Heje Pedersen、Ken Singleton 和 Costis Skiadas 在相关违约风险研究项目上的合作。

达雷尔·达菲
2010 年 8 月于斯坦福大学

Contents

目　录

图形目录

图 4.1、图 5.1、图 5.2、图 5.3、图 5.4 来自 Das、Duffie、Kapadia 和 Saita(2007)。

图 4.2、图 4.3、图 7.7、图 A.1 来自 Duffie、Saita 和 Wang(2007)。

图 7.1、图 7.2、图 7.3、图 7.4、图 7.5、图 7.6、图 7.8、图 7.9、图 G.1、图 H.1、图 H.2、图 H.3 来自 Duffie、Eckner、Horel 和 Saita(2009)。

表格目录

表 4.1、表 4.2、表 7.1、表 F.1、表 G.1 来自 Duffie、Eckner、Horel 和 Saita(2009)。

表 5.1、表 5.2、表 5.3、表 5.4、表 B.1、表 C.1、表 C.2、表 C.3 来自 Das、Duffie、Kapadia 和 Saita(2007)。

1

目标和范畴

对那些负责发放银行贷款或投资于具有公司违约敞口的金融产品的人而言,有效估计单个公司借款人的违约可能性至关重要。对于公司贷款组合的风险管理、金融机构最低资本金要求的决定和结构型信用产品(如面向多个借款人的贷款抵押证券)的投资而言,对公司贷款组合总损失的违约概率分布建模的能力非常重要。

1.1 方法

本书探讨基于违约强度过程经验估计的公司违约风险测度问题。借款人的违约强度是指在信息可得的条件下违约发生率的均值。例如,违约强度为 0.1,意味着在已知所有现有信息的条件下,每 10 年发生 1 次违约的平均违约发生率为 0.1。随着借款人及其经济环境的变化,违约强度会随之变化。本书研究的重点是违约强度的测度方法和公司违约风险的一些关键性经验特征,并对公司间违约风险的相关性给予了特别的关注。本书的结论是在过去十年中与 Sanjiv Das、Andreas Eckner、Guillaume Horel、Nikunj Kapadia、Leandro Saita 以及 Ke Wang 等人进行一系列合作研究的基础上发展而来的,目前对公司违约风险测度的研究依然很活跃。

其他学者的研究结果表明,公司的"违约距离"是预测该公司违约的重要工具。违约距离是一种经波动性调整的杠杆测度方法,它是 Black 和 Scholes(1973),Merton(1974),Fisher、Heinkel 和 Zechner(1989)以及 Leland(1994)等人企业债定价理论模型的基础。通过选择宏观经济变量和财务比率,我们对此进行了补充解释。通过使用"脆弱性"(frailty)这一统计工具,我们将无法观测的、或至少无法通过选取的估计方法得到的、与企业间联合违约相关的信息变量纳入到相关违约模型中。本书最后一章的内容表明,脆弱性对于解释美国公司的联合违约概率具有重要意义。

另外一种方法是对违约结构模型进行估计,通过这一方法,我们可以直接了解企业管理者如何选择破产保护。但是由于大多数企业和违约过程的复杂性,违约的经验结构模型还不成熟,不能有效地估计违约风险。相反,这里所讨论的模型是基于结构模型中违约风险和违约预测指标——尤其是违约距离——二者之间的简约关系。

本书中假设企业违约强度的表达式为 $\Lambda(X_t, \beta)$,其中:

- X_t 是一组企业特有协变量和宏观经济违约协变量,其中许多协变量都源于结构理论,除此之外还包含了一些不可观测协变量。
- $\Lambda(\cdot, \beta)$ 是一个特设函数,它不以企业理论为基础,但却依赖于一个待估参数向量 β。实证结果也报告了待估模型中,违约强度对违约距离这一关键协变量的非参数依赖。

在实际应用中,最常见的是估计不同时段的违约(或联合违约)可能性,为此,我们必须估计协变量过程 X 的时间序列行为。这里我们将 X 看作是一个马尔可夫过程,其转移概率由其他待估参数决定。由于存在"脆弱性",违约相关性基于这样一个假设:状态向量 X_t 的某些分量是不可观测的。

相反,结构化方法使得内生性的违约强度成为公司经理、股东、债权人和监管者所面临的决策问题之一。通过这一结构化方法,待估参数能详细说明企业的原始技术、缔约情况、资本市场环境以及公司经理和股东的偏好。

尽管结构模型估计不是本书介绍的重点,但它能够显著提高预测效果,因此,应该将其放在该研究领域的首要位置。

本书没有分析违约情况下债务回收的估计问题,这是另外一个重要的研究方向,Zhang(2009)给出了公司违约回收风险的一个经验模型。

本书在一些独立的章节中为读者介绍了统计基础知识,另外一些章节则包含了大量的实证结果。这两部分内容是相对独立的,读者不需要为了阅读其中某一系列中有关章节的内容而刻意去阅读另外一系列章节。

1.2 统计基础章节

第 2 章、第 3 章和第 6 章介绍了对具有随机强度的违约事件构建模型并进行估计的数学基础知识,如果读者仅对实证部分感兴趣,可以跳过这些章节。

第 2 章介绍对具有随机强度事件的发生构建模型的数学基础。事件强度如违约强度是观测者可以获得所有现有信息条件下事件发生率的条件均值 λ_t，该条件均值以每年事件发生的总数进行测度。在我们间或采用的双随机假设下，t 年的生存概率为 $E\left(e^{-\int_0^t \lambda(s)ds}\right)$。同时，第 2 章也介绍多家企业的双随机假设，在该假设下，两家企业的违约相关性就是它们的违约强度对共同的或相关的可观测风险因子的依存度。双随机特性排除了传染性以及不可观测风险因子所引致的相关性。本章还包括了由 Das、Duffie、Kapadia 和 Saita(2007)提出的对大批借款人违约强度过程模型进行检验的方法。

第 3 章介绍生存概率期限结构极大似然估计的理论基础，包括违约概率对时间跨度的依赖性。该方法使得许多由于诸如并购等原因而不复存在的企业能够从数据中得以删除。其思路为：首先估计决定违约强度 $\lambda_t = \Lambda(X_t, \boldsymbol{\beta})$ 的参数向量 $\boldsymbol{\beta}$，以及决定协变量 X 转移概率的参数向量 $\boldsymbol{\gamma}$，然后，利用 $(\boldsymbol{\beta}, \boldsymbol{\gamma})$ 的极大似然估计量来估计在生存时间 t 内的生存概率 $E\left(e^{-\int_0^t \lambda(s)ds}\right)$。该方法由 Duffie 等人(2007)提出，通过在双随机特征下将问题分解为单独估计 $\boldsymbol{\beta}$ 和 $\boldsymbol{\gamma}$，使得 $(\boldsymbol{\beta}, \boldsymbol{\gamma})$ 的联合估计变得相对简单。

第 6 章介绍随机强度下对相关违约建立脆弱模型的基础。该方法假定在无法获取其他信息的情况下，违约次数是联合双随机变量。这些"被隐藏"的信息包括一些尽管不能直接观测、但其条件概率分布可以从违约次数和可观测协变量的历史数据中过滤出来的协变量。违约时间对不可观测协变量的依赖性考虑了可观测协变量之外的相关性。正如本书附录所介绍的，该方法依赖于一种能估计似然函数并能过滤或平滑隐藏(脆弱性)状态信息的技术，这种技术被称为马尔可夫链蒙特卡罗(MCMC)模拟技术。

1.3　实证研究章节

第 4 章、第 5 章和第 7 章包含了大量来自对 1979—2005 年北美非金融企业的实证研究结果。

第 4 章介绍了一种条件违约概率期限结构的动态估计模型。Duffie、Saita 和 Wang(2007)以及 Duffie、Eckner、Horel 和 Saita(2009)的研究结果表明,企业的违约概率显著依赖于该企业的违约距离(经波动性调整的杠杆测度方法),或在较小的程度上依赖于企业的往期累计股票回报以及各种宏观经济变量。在 Black 和 Scholes(1973),Merton(1974),Fisher、Heinkel 和 Zechner(1989)以及 Leland(1994)的结构模型中,违约距离是违约概率的一个有效统计量。条件违约概率期限结构估计的图形形状反映了协变量的时间序列行为,包括宏观经济绩效的均值回复和企业的杠杆目标。待估的违约风险率期限结构是一条典型的在商业周期峰值时向上倾斜,低谷时向下倾斜的曲线,相对于公司的长期目标而言,这在一定程度上依赖于公司杠杆率。违约距离的这种典型的峰谷变化,比宏观协变量(控制违约距离后)的商业周期变化对违约概率的影响更大,也更持久。

第 5 章是基于 Das、Duffie、Kapadia 和 Saita(2007)的研究,对第 4 章所介绍的估计模型是否能有效刻画违约相关性进行的一系列检验,其中一些检验是建立在时间重标的基础上的。在这种情况下,违约发生是常强度泊松过程。Das、Duffie、Kapadia 和 Saita(2007)提出的其他检验方法详见附录 C。

第 5 章的研究结果表明,遗漏的共同的或相关的违约风险因子非常重要,其中很多风险因子甚至不能同时存在。基于此,第7章对联合违约的脆弱模型进行了估计,该模型中的违约相关性源自可观测的但未包含在模型中的变量,也源自其他一些不可观测变量。这些研究结果表明,违约强度对共同的不可观测(或至少未被包括在模型中的)因素的依赖性很强,为了建模需要,将这些因素的影响浓缩为一个单一的动态因子,并参数化为一个 Ornstein-Uhlenbeck 脆弱过程。这些待估参数决定着该脆弱过程的均值回复、波动性以及后验概率(滤波的)分布的大小,同时也表明,共同的不可观测违约风险具有很强的持续性和时变性。附录介绍了一个扩展模型,它考虑了违约强度不可观测的横截面变化以及违约强度对违约距离的非线性依赖。

即使在 2007—2009 年金融危机后,结构型信用产品[如受违约相关性直接影响的担保债务凭证(CDOs)]的交易商,仍然依赖违约时间相关性的 Copula 模型来计算违约风险。正如附录 B 所述,Copula 是在给定一组随机变量边缘分布后,对联合概率分布进行详细描述的一个简单工具。尽管 Copula 模型在数据结构和快速计算多个企业违约概率方面具有优势,但从本质上讲,它不适用于组合的风险管理和资产定价,如 CDOs 的定价和在险价值(value at risk,VaR)测度。Copula 模型最主要的缺陷是,它不能,甚至从根本上无法获取条件违约概率的时变风险。尽管从应用角度来看,基于相关强度过程的模型比行业标准的 Copula 模型更为复杂,但对许多定价和风险管理应用而言,相关违约强度模型是目前较易操作的一个方法。例如,Eckner(2009)阐述了如何运用相关违约强度过程建立 CDOs 的定价模型和风险管理模型。

1.4 研究进展

Altman(1968)和 Beaver(1968)也许是最早使用金融财务数据估计企业违约概率统计模型的研究者。Lane、Looney 和 Wansley(1986)对实证研究的早期贡献是,在其对银行违约进行预测的研究中,运用时间无关协变量来研究企业违约次数的概率分布。Lee 和 Urrutia(1996)提出了基于违约时间韦伯分布的久期模型。具有时变协变量的违约久期模型包括 McDonald 和 Van de Gucht(1999)创建的模型,它解决了高回报债券违约和看涨执行权的时间选择问题。Shumway(2001)、Kavvathas(2001)、Chava 和 Jarrow(2004),Hillegeist、Keating、Cram 和 Lundstedt(2004)运用久期模型预测破产。Shumway(2001)使用了一个时间协变量的久期模型进行相关研究。

这些早期的研究都采用了"简约型"方法,即通过采用一个不能直接对借款人还款能力或还款激励建立模型的经济计量规范,建立违约概率对解释变量的依赖模型。一些违约时间的结构模型表明,当企业的资产相对其负债下降到一定水平时,该企业就会违约。例如,Black 和 Scholes(1973),Merton(1974),Fisher、Heinkel 和 Zechner(1989),以及 Leland(1994)在建模时将企业资产的市值看作是一种几何布朗运动。在这些模型中,企业的条件违约概率完全由其违约距离决定,该违约距离是年资产增长的标准差,即资产水平(或给定时间的期望资产水平)超过以会计方法测度的企业负债水平。利用负债的市场权益和财务数据对违约协变量进行估计的方法,已被穆迪公司作为行业标准而采纳,以期为所有公开上市交易的公司提供估计的违约概率(Crosbie and Bohn, 2002; Kealhofer, 2003)。

在 Fisher、Heinkel 和 Zechner(1989)以及 Duffie 和 Lando(2001)关于违约结构模型的研究中,对于企业的违约距离无法完全观测的情况,作者建立了违约时间的条件概率分布模型。该模型暗含着一个违约强度过程,它依赖于当前测度的违约距离和其他协变量,这些协变量也许可以提供关于企业状况的其他信息。更为普遍的是,随着时间的推移,一家企业的财务状况可能会受到多个因素的影响,如企业特定的、行业范围内的和宏观经济的状态变量也许会对企业的收益和杠杆率产生全方位的影响。

我们在此所采用的方法尽管不是直接基于违约结构模型,但也多少受到结构性方法的启发,通过将违约距离看作是一个重要的协变量,同时将其他可观测的和不可观测的违约协变量也纳入到模型中,尽可能地捕获未被违约距离发现的违约风险。

Duffie、Saita 和 Wang(2007)基于随机违约强度和动态的潜在时变协变量构成的联合模型,提出了违约概率期限结构的似然估计法。该研究的基础是双随机假定,因此没有考虑不可观测变量或遗漏变量对违约概率的影响。根据贝叶斯法则,这种不完全观测使得违约到达在隐藏变量的条件分布上形成一个跳跃,从而对于那些违约强度依赖于相同的不可观测协变量的任何其他企业而言,也在违约条件概率上形成一个跳跃。例如,安然公司和世通公司的倒闭可能会突然降低其他企业财务杠杆的测量精度。Collin-Dufresne、Goldstein 和 Helwege(2010)以及 Jorion 和 Zhang(2007)发现,一家企业的一个重大信用事件与其他企业信用利差的显著增加相关,并与实际的或风险中性的违约概率的脆弱性影响保持一致。Collin-Dufresne、Goldstein 和 Huggonier(2004),Giesecke(2004)以及 Schönbucher(2003)拓展了一种从违约中学习的方法。它以脆弱性统计模型为基础,在该模型下,违约强度包含了不可观测协变量的预期效应。Yu(2005)的实证研究发现,在其他条件不变的情况下,财务变量测量精度的下降会伴随着信用利差的扩大。

Delloy、Fermannian 和 Sbai(2005)以及 Koopman、Lucas 和 Monteiro(2008)介绍了基于每一企业信用等级观测值的动态违约脆弱模型,模型假定企业从一个信用等级向另一个信用等级的变化强度依赖于一个共同的不可观测因素。正如 Lando 和 Skødeberg(2002)所阐述的,由于信用等级的不完整以及信用质量指标的滞后性,以上基于信用等级的模型都具有很大的脆弱性。Duffie、Eckner、Horel 和 Saita(2009)通过纳入 Duffie、Saita 和 Wang(2007)所采用的所有变量,对脆弱性方法进行了拓展,结果仍然发现存在大量基于脆弱性的违约相关性。Lando 和 Nielsen(2009)除了采用 Duffie、Eckner、Horel 和 Saita(2009)中的协变量之外,还增加了一些财务比率,结果表明,扩大协变量之后的模型更能捕获可观测协变量的违约相关性。Koopman、Lucas 和 Schwaab(2010)研究了此次金融危机中脆弱性在违约事件中的作用。Azizpour 和 Giesecke(2010)的研究表明,基于脆弱性的相关性模型考虑了以往违约事件的影响。尽管模型结构和协变量信息的进一步改善是可能的,但当我们在估计大型组合违约损失可能性时,仍需审慎考虑不可观测的违约相关性。运用简单模型去观测或捕捉联合违约风险,是我们从 2007—2009 年金融危机中得到的一个惨痛教训。

2

生存模型

本章介绍了具有随机强度的事件发生概率模型,如违约发生的概率模型。仅对实证结果感兴趣的读者可以跳过本章,直接阅读第 4 章。

2.1　随机强度

给定一个概率空间 $(\Omega,\ \mathcal{F},\ P)$,集合 Ω 包含了所有的可能状态。集合 $\mathcal{F}$ 是一个具有概率测度 P 的"事件集",它由 Ω 的所有子集组成。概率测度 P 定义为从 $\mathcal{F} \to \mathbb{R}$ 的一个映射,对每一个事件 A,其概率为 $P(A)$。同时,在满足一般条件[①]的情况下,给定一个信息滤集 $\{\mathcal{G}_t : t \geqslant 0\}$,它是一个在任一时刻 t 的当前可观测事件集。

---

① 关于"一般条件"的内容参见 Potter(2004)。

给定停时 τ，如违约时间，如果鞅 M 定义为：

$$M_t = 1_{\{\tau \leqslant t\}} - \int_0^t \lambda_s 1_{\{\tau > s\}} \mathrm{d}s \qquad (2.1)$$

其中，当事件 A 发生时，示性函数 1_A 的值为 1，否则为 0，我们就说循序可测[①]的非负过程 λ 就是停时 τ 的强度，这就意味着在现有信息 G_t 的条件下，τ 前的任一时刻 t 的违约发生率均值为 λ_t。例如，如果以年计时，给定 t 时刻的所有可得信息，强度 $\lambda_t = 0.1$ 就是指违约发生的条件均值为每 10 年一次。对违约强度的这一解释证明如下。考虑某一时间 t 且 $u > t$，M 的鞅性就是指 $E(M_u - M_t \mid G_t) = 0$，它表明：

$$E(1_{\{t < \tau \leqslant u\}} \mid G_t) = E\left(\int_t^u \lambda_s 1_{\{\tau > s\}} \mathrm{d}s \mid G_t\right)$$

因此，在事件集 $\{\tau > t\}$ 下，t 时刻违约发生率的条件均值为（几乎处处）：

$$\frac{\mathrm{d}}{\mathrm{d}u} E(1_{\{t < \tau \leqslant u\}} \mid G_t)|_{u = t+} = \lambda_t \qquad (2.2)$$

同样地，因为 Δ 年内的条件违约概率为：

$$P(\tau \in (t, t+\Delta] \mid G_t) = E(1_{\{t < \tau \leqslant t+\Delta\}} \mid G_t)$$

因此，从(2.2)式中我们可以看出，当违约事件发生在时刻 t 之后时，违约强度 λ_t 就是随着时间区间 Δ 从 0 增加的条件违约概率的变化率。如果 λ 具有连续样本路径，在较小的时间区间 Δ 内，条件违约概率近似为 $\lambda_t \Delta$。

———————

① 如果过程 λ 是一个联合可测函数，且对于任一时刻 t，随机变量 $\lambda(t) = \lambda_t = \lambda(\cdot, t) : \Omega \to \mathbb{R}$ 是 G_t 可测的，即 λ_t 仅依赖于 t 时刻的可得信息，那么，我们就说 $\lambda : \Omega \times [0, \infty) \to \mathbb{R}$ 是循序可测的。

违约强度是一常数意味着违约发生服从泊松过程,在该模型中,违约前的时间服从均值等于违约强度倒数的指数分布。然而实际上,随着有关借款人新信息的出现,违约强度过程随时间而随机变化。对于一家上市公司而言,这种新信息包括企业的财务会计报告、企业的股票价格、宏观经济运行指标,以及其他与该企业或其行业表现相关的新闻公告。

由于违约强度测度的仅仅是即期的期望违约到达率,因此,我们需要能够将违约强度与跨期(如债券的到期时间)违约概率联系起来。这是下节讨论的主要内容。

2.2 双随机事件的时间

在实际应用中,我们通常会考虑违约强度过程 $\lambda_t = f(\boldsymbol{X}_t)$ 的特殊情况,其中,X 是某一状态空间 D 中的马尔可夫过程,$f:D \to [0, \infty)$ 是一个映射。例如,如果 τ 是企业的违约时间,那么,协变量向量 $\boldsymbol{X}_t$ 就包括企业特有变量和宏观经济变量,这些变量有助于预测企业是否违约。

如果在协变量路径 $X = \{\boldsymbol{X}_t : t \geqslant 0\}$ 的条件下,τ 是具有时变①强度 $\{\lambda_t : t \geqslant 0\}$ 的某一泊松过程的事件首达时间,那么,我们就说基于违约强度 λ 的停时 τ 是一个受 X 驱动的双随机过程,这一泊松性质意味着:

---

① 如果一个计数过程 K 的强度过程 c 是确定的,而且其不相交的时间间隔增量是独立的,同时,每当 $t > s$ 时,$K_t - K_s$ 是参数为 $\int_s^t c(u)\mathrm{d}u$ 的泊松随机变量分布,那么,K 就是泊松分布。如果对于任意整数 k,都有 $P(J = k) = e^{-\gamma k}/k$,那么,随机变量 J 就是参数为 γ 的泊松分布。

$$P(\tau > t \mid X) = e^{-\int_0^t \lambda(s)ds} \qquad (2.3)$$

根据期望迭代法则可以得出：

$$P(\tau > t) = E[P(\tau > t \mid X)] = E\left(e^{-\int_0^t \lambda(s)ds}\right) \qquad (2.4)$$

类似地，在事件集 $\{\tau > t\}$ 上，有：

$$P(\tau > u \mid \mathcal{G}_t) = E\left(e^{-\int_t^u \lambda(s)ds} \mid \mathcal{G}_t\right) = E\left(e^{-\int_t^u \lambda(s)ds} \mid \boldsymbol{X}_t\right) \quad (2.5)$$

双随机特性具有重要的易处理性，在 $\lambda_t = f(\boldsymbol{X}_t)$ 的情况下，可以运用与 X 相关的后向科尔莫哥洛夫方程计算出 (2.5) 式的生存概率。对于 $\lambda_t = a + b \cdot \boldsymbol{X}_t$ 的特殊情况，$\boldsymbol{X}_t$ 是一个仿射过程，(2.5) 式所描述的生存概率可以通过 $e^{\alpha(t,u)+\beta(t,u)\cdot X(t)}$ 这一形式得到，其中的确定性系数 $\alpha(t,u)$ 和 $\beta(t,u)$ 可以非常容易地计算出来。对此，Duffie、Pan 和 Singleton(2000) 给出了具体的例子。

停时 $\tau_1, \tau_2, \cdots, \tau_n$ 是由 X 驱动的双随机过程，其违约强度分别为 $\lambda_1, \lambda_2, \cdots, \lambda_n$，如果停时在 X 给定的条件下相互独立，那么，我们就说停时 $\tau_1, \tau_2, \cdots, \tau_n$ 是联合双随机的。言外之意，$\tau_1, \tau_2, \cdots, \tau_n$ 仅通过各自强度对协变量过程 X 的联合依赖而具有相关性。例如，对于任一时刻 t，有：

$$P(\tau_i > t, \tau_j > t) = E[P(\tau_i > t, \tau_j > t \mid X)]$$

$$= E\left(e^{-\int_0^t \lambda_i(s)ds} e^{-\int_0^t \lambda_j(s)ds}\right)$$

$$= E\left(e^{-\int_0^t [\lambda_i(s)+\lambda_j(s)]ds}\right)$$

同样地，在事件集 $\{\tau_i > t, \tau_j > t\}$ 上，有：

$$P(\tau_i > u, \tau_j > u \mid \mathcal{G}_t) = E\left(e^{-\int_t^u [\lambda_i(s)+\lambda_j(s)]ds} \mid \mathcal{G}_t\right)$$

同样，在某些特定的马尔可夫情况下，类似的计算都很容易实现。

2.3　截尾

在统计应用中，我们可以对观察值随机地进行截尾，也就是说，将观察值从相关样本中移除。例如，一家企业在违约前可能会被并购，这样，它就会从样本中消失。

假设给定的一家违约时刻为 τ 的企业，在停时 T 被截尾。因此，该企业在 $\min(\tau, T)$ 时从样本中退出。为模型简化起见，假设违约时间 τ 和截尾时刻 T 都是由马尔可夫过程 X 驱动的双随机过程，其强度分别为 λ 和 α。

我们将在后面估计实证模型，在这些模型中，$\boldsymbol{X}_t = (U_t, Y_t)$，其中，$U_t$ 是企业特有变量，Y_t 是宏观经济变量。我们将考虑基于截尾信息滤集 $\{\mathcal{F}_t : t \geqslant 0\}$ 的计量经济模型，其中 $\mathcal{F}_t$ 由宏观变量 $\{Y_s : s \leqslant t\}$ 和企业特有观测变量 $\{(U_s, 1_{\{\tau \geqslant s\}}, 1_{\{T \geqslant s\}}) : s \leqslant \min(t, \tau, T)\}$ 生成。

在生存到时刻 t 的事件集 $\{\tau > t, T > t\}$ 上，在给定 X 的条件下，利用 τ 和 T 的独立性，我们将证明，生存到未来某一时刻 u 的事件 $\{\tau > u, T > u\}$ 发生的条件概率为：

$$p(\boldsymbol{X}_t, t, u) = E\left(e^{-\int_t^u [\lambda(s) + \alpha(s)] ds} \mid \mathcal{G}_t\right) \tag{2.6}$$

类似地，考虑到如果企业在截尾时刻 T 时首次退出，就不可能发生违约，那么到时刻 u 违约的条件概率为：

$$q(\boldsymbol{X}_t, t, u) = E\left(\int_t^u e^{\int_t^v [\lambda(s) + \alpha(s)] ds} \lambda_v dv \mid \mathcal{G}_t\right) \tag{2.7}$$

命题 1　在生存到时刻 t 的事件 $\{\tau > t, T > t\}$ 条件下，截尾

的联合条件生存概率为：

$$P(\tau > u, \ T > u \mid \mathcal{F}_t) = p(\boldsymbol{X}_t, \ t, \ u)$$

其中，$p(\boldsymbol{X}_t, \ t, \ u)$ 由(2.6)式给出，且截尾的条件违约概率为：

$$P(\tau < u \mid \mathcal{F}_t) = q(\boldsymbol{X}_t, \ t, \ u)$$

其中，$q(\boldsymbol{X}_t, \ t, \ u)$ 由(2.7)式给出。

证明：首先，我们在未经截尾的信息集 $\mathcal{G}_t$ 的条件下，验证 (2.6)式和(2.7)式；其次，在截尾的条件下进行同样的计算。

第一步计算(2.6)式时，τ 和 T 是联合双随机的。第二步计算 (2.7)式时，令 $M = 1_{\{T \leqslant t\}}$，$N = 1_{\{\tau \leqslant t\}}$，在路径 X 已知的条件下，利用 M 和 N 在 X 条件下相互独立的性质，估计在任一 $z > t$ 的违约时刻 τ 时的(不当的)密度，用常见的符号滥用表示为：

$$
\begin{aligned}
&P(\tau \in \mathrm{d}z \mid X, \ \tau > t, \ T > t) \\
&= P(\inf\{u : N_u \neq N_t\} \in \mathrm{d}z, \ M_z = M_t \mid X) \\
&= P(\inf\{u : N_u \neq N_t\} \in \mathrm{d}z \mid X) P(M_z = M_t \mid X) \\
&= \mathrm{e}^{-\int_t^z \lambda(u)\mathrm{d}u} \lambda(z) \ \mathrm{d}z \, \mathrm{e}^{-\int_t^z \alpha(u)\mathrm{d}u} \\
&= \mathrm{e}^{-\int_t^z [\alpha(u) + \lambda(u)]\mathrm{d}u} \lambda_z \mathrm{d}z
\end{aligned}
$$

根据双随机特性，我们可以看到，引入 $\mathcal{G}_t$ 对该运算没有任何影响，因此，在事件 $\{\min(\tau, \ T) > t\}$ 上，有：

$$P\big(\tau \in [t, \ u] \mid \mathcal{G}_t, \ X\big) = \int_t^u \mathrm{e}^{-\int_t^z [\alpha(u) + \lambda(u)]\mathrm{d}u} \lambda_z \mathrm{d}z \qquad (2.8)$$

现在，在仅给定 $\mathcal{G}_t$ 的情况下，利用期望迭代法则计算该条件概率的期望值，得到 $q(\boldsymbol{X}_t, \ t, \ u)$。

在事件 $\{\tau > t, \ T > t\}$ 上，$\mathcal{F}_t$ 和 $\mathcal{G}_t$ 的条件信息是相同的。也就是说，每一个 $\{\tau > t, \ T > t\}$ 中的事件既包含在 $\mathcal{G}_t$ 中也包含在 $\mathcal{F}_t$ 中，其结果如下。

2.4 风险率

概率密度函数为 $f(\cdot)$ 的随机时间 τ 在未来某一日期 s 的风险率，就是在生存到 s 的条件下 τ 的平均发生率。运用贝叶斯法则，该风险率表示为：

$$H(s) = \frac{1}{\mathrm{d}u} P\big(\tau \in (s, s + \mathrm{d}u] \mid \tau > s\big) = \frac{f(s)}{\int_s^\infty f(t)\,\mathrm{d}t}$$

基于人为受限信息滤集 $\{\mathcal{H}_t : t \geq 0\}$ 的风险率 $H(s)$ 等于在 s 时刻 τ 的强度，如果违约发生是唯一信息，那么，我们就将使用该风险率。也就是说，$\mathcal{H}_t$ 是由 $\{1_{\{\tau < s\}} : 0 \leq s \leq t\}$ 生成的事件集。

根据命题 1，在 t 时刻可得截尾信息的条件下，s 年事件 $\{\tau > t, T > t\}$ 的违约风险率 $h(\boldsymbol{X}_t, t, s)$ 由下式定义：

$$h(\boldsymbol{X}_t, t, s)$$

$$= \frac{1}{\mathrm{d}u} P\big(\tau \in (t+s, t+s+\mathrm{d}u] \mid \mathcal{F}_t, \tau > t+s, T > t+s\big)$$

$$= \frac{q_u(\boldsymbol{X}_t, t, t+s)}{p(\boldsymbol{X}_t, t, t+s)}$$

$$= \frac{E\Big(\mathrm{e}^{-\int_t^{t+s}[\lambda(u)+\alpha(u)]\mathrm{d}u}\lambda_{t+s} \mid \boldsymbol{X}_t\Big)}{E\Big(e^{-\int_t^{t+s}[\lambda(u)+\alpha(u)]\mathrm{d}u} \mid \boldsymbol{X}_t\Big)}$$

尽管该运算与仿射强度模型有明显的共同之处，但在第 7 章，我们将详细介绍其数值运算过程，其中违约强度服从对数正态概率分布，或服从基于无条件对数正态分布的数值滤波条件概率分布。

2.5 泊松违约的时间重标

我们将以一个测度违约强度的联合检验方法来结束本章的内容。

假定 $\tau_1, \tau_2, \cdots, \tau_n$ 是 n 个借款人的违约时间,其强度分别为 $\lambda_1, \lambda_2, \cdots, \lambda_n$。我们考虑改变时间标度,变化后的一单位"新时间"的长度与日历时间长度一致,在每一新时间标度内,所有存活企业的总违约强度由单位违约强度累积而得。那么,如果以这种方式对时间进行重标,假定 $P(\tau_i = \tau_j) = 0$, $i \neq j$,违约到达就形成了一个标准泊松过程(平均发生率为常数)。例如,固定任一标量 $c > 0$,我们可以定义连续无重叠的时间间隔,每一间隔持续 c 个单位新时间(对应于所有存活企业的 c 个日历时间间隔,每个日历时间间隔都包含一个累积总违约强度),这一时间变化意味着,连续时间间隔内的违约次数(N_1 是指在持续时间为 c 单位的第一个时间间隔的违约次数,N_2 是第二个时间间隔的违约次数,以此类推)是独立的均值为 c 的泊松分布随机变量。

在第 5 章,我们以这个时间变化特征为基础,检验我们所估计的北美上市公司的违约强度是否遗漏了某些相关信息对违约产生的影响。Das、Duffie、Kapadia 和 Saita(2007)在违约时间为双随机的假定下,首次应用了这一检验方法。作为 Meyer(1971)的后续研究,Lando 和 Nielsen(2009)指出,同样的时间变化在比较弱的假设 $P(\tau_i = \tau_j) = 0$, $i \neq j$ 下仍然适用。

命题 2 假定 $\tau_1, \tau_2, \cdots, \tau_n$ 为违约时间,其违约强度分别为 λ_1, $\lambda_2, \cdots, \lambda_n$。假定 $P(\tau_i = \tau_j) = 0$, $i \neq j$。令 $K(t) = \#\{i : \tau_i \leqslant t\}$

为到 t 时刻为止的累积违约次数，且 $U(t) = \int_0^t \sum_{i=1}^n \lambda_i(u) 1_{\tau_i > u} du$ 为到 t 时刻为止存活企业的违约累积总强度。那么，$J = \{J(s) = K(U^{-1}(s)) : s \geqslant 0\}$ 是服从参数为 1 的泊松过程。

习题

1. 固定一个概率空间和信息滤集，假定 τ_1，τ_2，$\cdots$，τ_n 的强度分别为 λ_1，λ_2，$\cdots$，λ_n，且 $P(\tau_i = \tau_j) = 0$，$i \neq j$。证明：$\min(\tau_1, \tau_2, \cdots, \tau_n)$ 的强度为 $\lambda_1 + \lambda_2 + \cdots + \lambda_n$。

2. 在习题 1 的假设下，证明：如果停时是联合双随机的，则 $P(\tau_i = \tau_j) = 0$。

3. 考虑随机时间 τ，其概率密度函数为 f。给定信息滤集 $\{H_t : t \geqslant 0\}$，$\mathcal{H}_t$ 是由往期生存事件集 $\{1_{\{\tau < s\}} : 0 \leqslant s \leqslant t\}$ 生成的 σ 代数，令：

$$H(t) = \frac{f(t)}{\int_t^\infty f(u) du}$$

通过建立一个合适的鞅，试用强度过程的定义来证明：确定性过程 H 是 τ 的强度。

3

如何估计违约强度过程

本章讨论统计估计问题,主要目标是描述 Duffie、Saita 和 Wang(2007)提出的条件违约概率期限结构的极大似然估计法。这不仅要估计每一时点的违约强度,而且还要估计跨时违约强度的概率行为。在双随机模型假定下,我们来说明如何将该估计问题分解为两个单独的计量经济学问题:(1)估计参数向量 $\boldsymbol{\beta}$,它决定着每个违约强度 $\Lambda(\boldsymbol{X}_t, \boldsymbol{\beta})$ 对马尔可夫状态向量 $\boldsymbol{X}_t$ 的依赖程度;(2)估计 $\boldsymbol{X}_t$ 的概率意义下的时间序列特征。

这里所阐述的方法也许会对估计基于强度的多期生存概率的研究领域有用,如劳动力流动和健康领域。这种强度依赖于具有显著动态时间序列特征的协变量。

3.1 极大似然估计法

给定某一概率空间 $(\Omega, \mathcal{F}, P)$ 和信息滤集 $\{\mathcal{G}_t : t \geqslant 0\}$,对于

给定的停时 τ，比如违约时刻，我们希望估计生存概率 $\{P(\tau > t):t \geqslant 0\}$ 的期限结构。假设 τ 是一个由 d 维马尔可夫过程 X 驱动的双随机变量，X 的强度为 $\Lambda(X_t; \boldsymbol{\beta})$，其中 $\boldsymbol{\beta} \in \mathbb{R}^l$ 是一个参数向量。为简单起见，假设 X 是整数观测时间 1，2，…之间的一个常数。

尽管贝叶斯统计方法具有一定的优势，但我们采用了如下所述的一个更简单的频率统计方法。尽管"真实"概率测度 P 是未知的，但它却属于概率测度集合 $\{P_\theta : \theta \in \Theta\}$，取值依赖于如下形式的参数向量：

$$\theta = (\boldsymbol{\beta}, \boldsymbol{\gamma}) \in B \times \Gamma \subset \mathbb{R}^l \times \mathbb{R}^m$$

参数向量 $\boldsymbol{\theta} = (\boldsymbol{\beta}, \boldsymbol{\gamma})$ 通过两种途径来决定 τ 的概率分布：

(1) 违约强度 $\lambda_t = \Lambda(X_t; \boldsymbol{\beta})$ 对 $\boldsymbol{\beta} \in B \subset \mathbb{R}^l$ 的依赖程度，其中，$\Lambda : \mathbb{R}^d \times B \to [0, \infty)$。

(2) 给定 X_k，对 X_{k+1} 的条件概率密度函数 $\phi(X_k, \cdot; \boldsymbol{\gamma})$ 的第二个参数 $\boldsymbol{\gamma}$ 的依赖程度，其中，$\phi : \mathbb{R}^d \times \mathbb{R}^d \times \Gamma \to [0, \infty)$。

我们的目标是首先估计"真实"参数向量 θ^*，在此基础上，从真实概率测度 $P = P_{\theta^*}$ 的其他特性中获取不同时段违约概率的估计值。

除了 k 个时间段内的协变量观测值 X_1，X_2，…，X_k 外，数据还包括违约时刻 τ_1，τ_2，…，τ_n 的可能已经被截尾的观测值，当 τ 为停时时，其强度以相同的方式依赖于 X。Duffie、Saita 和 Wang (2007) 的研究表明，双随机特性的一个主要优势是它能够将复杂的 $(\boldsymbol{\beta}, \boldsymbol{\gamma})$ 的联合极大似然估计，简化为对 $\boldsymbol{\beta}$ 和 $\boldsymbol{\gamma}$ 进行更简单的独立极大似然估计，其估计过程如下。

现在，在不考虑截尾的情况下，通过参数向量 $(\boldsymbol{\beta}, \boldsymbol{\gamma})$ 得到的似然函数最大值就是概率测度 $P_{(\boldsymbol{\beta}, \boldsymbol{\gamma})}$ 下 $(X, \tau_1, \tau_2, \cdots, \tau_n)$ 的联合

概率密度,用符号表示为 $\mathcal{L}(X, \tau_1, \tau_2, \cdots, \tau_n; \boldsymbol{\beta}, \boldsymbol{\gamma})$。利用贝叶斯法则和双随机特性可以得出:

$$\mathcal{L}(X, \tau_1, \tau_2, \cdots, \tau_n; \boldsymbol{\beta}, \boldsymbol{\gamma})$$
$$= \mathcal{L}(\tau_1, \tau_2, \cdots, \tau_n \mid X; \boldsymbol{\beta}) \times \mathcal{L}(X; \boldsymbol{\gamma}) \quad (3.1)$$

该式用符号表示了给定 X 的情况下,$\tau_1, \tau_2, \cdots, \tau_n$ 的条件似然值不依赖于 $\boldsymbol{\gamma}$;同时,X 的似然值不依赖于 $\boldsymbol{\beta}$。因为对数似然函数:

$$\ln \mathcal{L}(X, \tau_1, \tau_2, \cdots, \tau_n; \boldsymbol{\beta}, \boldsymbol{\gamma})$$
$$= \ln \mathcal{L}(\tau_1, \tau_2, \cdots, \tau_n \mid X; \boldsymbol{\beta}) + \ln \mathcal{L}(X; \boldsymbol{\gamma}) \quad (3.2)$$

其第一项不涉及 $\boldsymbol{\gamma}$,第二项不涉及 $\boldsymbol{\beta}$,通过求解以下这两个最优化问题:

$$\sup_{\boldsymbol{\beta}} \ln \mathcal{L}(\tau_1, \tau_2, \cdots, \tau_n \mid X; \boldsymbol{\beta}) \quad (3.3)$$

和

$$\sup_{\boldsymbol{\gamma}} \ln \mathcal{L}(X; \boldsymbol{\gamma}) \quad (3.4)$$

我们可以对(3.2)式进行最大化。如 Anderson、Borgan、Gill 和 Keiding(1992)的研究中所阐述的,(3.3)式是一个相对标准的具有时变协变量的久期模型。(3.4)式可以简化为一个时间序列问题,这样就可以非常容易地通过协变量状态过程 X 对其进行运算。

例如,假定停时 $\tau_1, \tau_2, \cdots, \tau_n$ 的强度分别为 $\Lambda_1(X_t, \boldsymbol{\beta})$,$\Lambda_2(X_t, \boldsymbol{\beta}), \cdots, \Lambda_n(X_t, \boldsymbol{\beta})$,在最简单的无截尾情况下,根据命题 1 和 X 条件下 $\tau_1, \tau_2, \cdots, \tau_n$ 的独立性可得:

$$\mathcal{L}(\tau_1, \tau_2, \cdots, \tau_n \mid \widetilde{X}; \theta) = \prod_{i=1}^{n} e^{-\int_0^{\tau_i} \Lambda_i(X(t); \boldsymbol{\beta}) dt} \Lambda_i(X(\tau_i); \boldsymbol{\beta})$$

$$(3.5)$$

X 的马尔可夫性质意味着：

$$\mathcal{L}(X;\boldsymbol{\gamma}) = \prod_{j=1}^{k} \phi(X_{j-1},X_j;\boldsymbol{\gamma}) \qquad (3.6)$$

(3.5)式和(3.6)式的似然函数最大化过程，其实就是用传统方法来解决标准统计问题。从技术上来说，极大似然估计是有效的。

3.2 数据结构和截尾

现在，我们考虑在某一停时 S_i，与第 i 家企业违约 τ_i 相关的信息截尾的情况，截尾的原因可能是因为该企业被合并、收购，或以其他方式从数据中消失。在真实概率测度生成的数据中，S_1，τ_1，S_2，τ_2，$\cdots$，S_n，τ_n 被假定为是由 X 驱动的双随机的，其强度分别为 α_1，λ_1，α_2，λ_2，$\cdots$，α_n，λ_n。

就协变量过程 X 的构成而言，假设：

$$X_t = (U_{1t},U_{2t},\cdots,U_{nt},Y_t)$$

其中，Y_t 是指对于所有时刻 t 都可观测到的"宏观协变量"，U_{it} 是企业 i 特有的协变量向量，如杠杆、波动性、现金流、费用、管理质量、部门属性等。自然地，在 $\min(S_i,\tau_i)$ 处，U_{it} 被截尾。

对每一企业 i，记 $Z_{it} = (U_{it},Y_t)$，为简单起见，假定 $\{Z_{i1}$，Z_{i2}，Z_{i3}，$\cdots\}$ 是一个在 $\mathbb{R}^{d(i)}$ 中取值为某一整数 $d(i)$ 的离散时间马尔可夫过程。进一步假定，对于：

$$\Lambda_i:\mathbb{R}^{d(i)} \times B \to [0,\infty),\ A_i:\mathbb{R}^{d(i)} \times B \to [0,\infty)$$

$$\lambda_{it} = \Lambda_i(Z_{i,k(t)},\boldsymbol{\beta}),\ \alpha_{it} = A_i(Z_{i,k(t)},\boldsymbol{\beta})$$

其中,$K(t)$ 是小于 t 的最大整数。

这就允许企业在强度对协变量的参数依赖性和马尔可夫协变量过程 Z_i 的转移概率分布方面存在差异。例如,某一类企业违约强度可能比另一类企业对财务杠杆更为敏感,而且不同类型的企业有不同的目标杠杆率。然而最终,为了易识别和一致性,我们必须假定,企业的类别要小于企业总数。

在时刻 t 的信息集 $\mathcal{F}_t$ 由下式生成:

$$I_t = \{Y_S : s \leqslant t\} \bigcup \mathcal{I}_{1t} \bigcup \mathcal{I}_{2t} \bigcup \cdots \bigcup \mathcal{I}_{nt}$$

其中,企业 i 的信息集为:

$$\mathcal{I}_{it} = \{(1_{\{S_i < s\}}, 1_{\{\tau_i < s\}}, U_{is}) : t_i \leqslant s \leqslant \min(S_i, \tau_i, t)\}$$

其中,t_i 是指企业 i 在数据库中首次出现的时间。为简化起见,我们将 t_i 看作是确定性的,在合适的条件独立性的假设下,我们可将这一结果扩展为每一家企业在停时时的左截尾。

为了简化协变量时间序列模型的估计,我们假定宏观协变量过程 $\{Y_1, Y_2, \cdots\}$ 本身是一个时齐(离散时间)马尔可夫过程。

在 k 时刻可得的所有企业的状态变量 $Z_k = (Z_{1k}, Z_{2k}, \cdots, Z_{nk})$ 条件下,我们假设对于待估参数向量 γ,Z_{k+1} 的联合密度为 $f(\cdot | Z_k; \gamma)$。这就可以考虑给定 (Y_k, U_{ik}, U_{jk}) 的条件下,$U_{i,k+1}$ 和 $U_{j,k+1}$ 的条件相关性。

3.3 似然函数的计算

为了行文方便,当 $K \subset L \subset \{1, 2, \cdots, n\}$ 时,我们用 $f_{KL}(\cdot | Y_k, \{U_{ik} : i \in L\}; \gamma)$ 表示给定 Y_k 和 $\{U_{ik} : i \in L\}$ 条件下

$(Y_{k+1}, \{U_{i,k+1} : i \in K\})$ 的联合密度，它是 $f(\cdot \,|\, z_k; \gamma)$ 的特征之一（实际上，是 $f(\cdot \,|\, z_k; \gamma)$ 的边缘密度）。在第 4 章北美上市公司违约数据的应用中，我们将进一步假设 $f(\cdot \,|\, z; \gamma)$ 是一个联合正态密度函数，使得边缘密度函数 $f_{KL}(\cdot \,|\, y, \{u_i : i \in L\})$ 容易计算。

更方便地，令 $R(k) = \{i : \min(\tau_i, S_i) > k\}$ 表示至少生存到时段 k 的企业集。进一步地，令 $\widetilde{U}_k = \{U_{ik} : i \in R(k)\}$，$S_i(t) = \min(t, S_i)$，$S(t) = (S_1(t), S_2(t), \cdots, S_n(t))$，且对 $\tau_i(t)$ 和 $\tau(t)$ 进行类似的定义。在双随机假设下，信息集 I_t 的似然值为：

$$\mathcal{L}(I_t; \gamma, \beta) = \mathcal{L}(\widetilde{U}, Y; \gamma) \times \mathcal{L}(S(t), \tau(t) \,|\, (Y, \widetilde{U}); \beta) \tag{3.7}$$

其中：

$$\mathcal{L}(\widetilde{U}, Y; \gamma) = \prod_{k=0}^{k(t)} f_{R(k+1), R(k)}(Y_{k+1}, \widetilde{U}_{k+1} \,|\, Y_k, \widetilde{U}_k; \gamma) \tag{3.8}$$

且

$$\mathcal{L}(S(t), \tau(t) \,|\, (Y, \widetilde{U}); \beta) = \prod_{i=1}^{n} G_{it}(\beta) \tag{3.9}$$

这里：

$$G_{it}(\beta) = \exp\!\left(-\int_{t_i}^{T_i} \left(A_i(Z_{i, k(s)}; \beta) + \Lambda_i(Z_{i, k(s)}; \beta)\right) \mathrm{d}s\right)$$
$$\times \left(1_{\{T_i = t\}} + A_i(Z_{i, S_i}; \beta) 1_{\{T_i = S_i\}} + \Lambda_i(Z_{i, \tau_i}; \beta) 1_{\{T_i = \tau_i\}}\right)$$

其中，$T_i = \min(S_i, \tau_i, t)$ 是指企业 i 的最后一个样本日期。

由于似然函数的这种结构，我们可以将整体极大似然估计问题分解为以下两个问题：

$$\sup_{\gamma} \mathcal{L}(\widetilde{U}, Y; \gamma) \tag{3.10}$$

和

$$\sup_{\boldsymbol{\beta}} \mathcal{L}\big(S(t), \tau(t) \mid (Y, \widetilde{U}); \boldsymbol{\beta}\big) \qquad (3.11)$$

为了使问题进一步简化,可通过将决定强度对协变量依赖程度的参数向量 $\boldsymbol{\beta}$ 变为解耦形式 $\boldsymbol{\beta} = (\boldsymbol{\mu}, \boldsymbol{v})$,其中:

$$\alpha_{it} = A_i(X_{it}; \boldsymbol{\mu}); \ \lambda_{it} = \Lambda_i(X_{it}; \boldsymbol{v}) \qquad (3.12)$$

(这涉及一个轻微的符号滥用。)这表明,决定强度 τ_i 的参数向量 $\boldsymbol{v}$ 大小并不影响决定强度 S_i 的参数向量 $\boldsymbol{\mu}$ 的选择;反之亦然。(3.11)式的结构可以进一步分解为以下一组问题:

$$\sup_{\boldsymbol{\mu}} \prod_{i=1}^{n} e^{-\int_{ti}^{T_i} A_i(X_i(u); \boldsymbol{\mu}) \, du} \Big(1_{\{T_i < S_i\}} + A_i(X_i(S_i); \boldsymbol{\mu}) 1_{\{T_i = S_i\}} \Big)$$

$$(3.13)$$

和

$$\sup_{\boldsymbol{v}} \prod_{i=1}^{n} e^{-\int_{ti}^{T_i} \Lambda_i(X_i(u); \boldsymbol{v}) \, du} \Big(1_{\{T_i < \tau_i\}} + \Lambda_i(X_i(\tau_i); \boldsymbol{v}) 1_{\{T_i = \tau_i\}} \Big)$$

$$(3.14)$$

其结论如下,这一结论是对我们所采用的参数拟合算法的总结。

命题 3 极大似然问题 (3.10) 和问题 (3.11) 各自的解 γ^* 和 β^*,构成了下面总体似然问题的解:

$$\sup_{\boldsymbol{\gamma}, \boldsymbol{\beta}} \mathcal{L}(I_t; \boldsymbol{\gamma}, \boldsymbol{\beta}) \qquad (3.15)$$

类似地,在 (3.12) 式参数解耦假设下,(3.13) 式和 (3.14) 式的解 μ^* 和 v^* 构成了 (3.11) 式的解 $\beta^* = (\mu^*, v^*)$。

这些优化问题都可以进行数值求解。由命题 3 给出的 MLE 优化问题的分解,使得对 γ^*、μ^* 和 v^* 的单个数值搜索可以在相对低维参数空间中完成。

3.4 违约概率的期限结构

给定参数 θ 的极大似然估计量 θ^* ,对于某一光滑函数 $g(\cdot)$,$g(\theta)$ 的极大似然估计量为 $g(\theta^*)$ 。因此,在命题 1(第 2 章)和我们的统计假设下,给定模型参数的极大似然估计量 $\theta = (\boldsymbol{\gamma} , (\boldsymbol{\mu} , \boldsymbol{v}))$,s 年生存概率的极大似然估计量为:

$$p(X_t , t , s ; \theta) = E_{\boldsymbol{\gamma}} \left(\mathrm{e}^{-\int_t^{t+s} [\Lambda(X_u ; v) + A(X_u ; \mu)] \mathrm{d}u} \mid \boldsymbol{X}_t \right)$$

且 s 年违约概率的极大似然估计量为:

$$q(\boldsymbol{X}_t , t , s ; \theta) = E_{\boldsymbol{\gamma}} \left(\int_t^{t+s} \mathrm{e}^{-\int_t^{t+z} [\Lambda(X_u ; v) + A(X_u ; \mu)] \mathrm{d}u} \Lambda(X_z ; v) \mathrm{d}z \mid \boldsymbol{X}_t \right)$$

这些表达式分别表示了违约和截尾强度对强度参数 $\boldsymbol{\mu}$ 和 $\boldsymbol{v}$ 的依赖程度,同时,用"$E_{\boldsymbol{\gamma}}$"表示对决定路径 X 概率分布的时间序列参数 $\boldsymbol{\gamma}$ 的期望依赖程度。

根据第 2.4 节的内容,我们现在可以计算 s 年违约风险率的极大似然估计量为:

$$h(\boldsymbol{X}_t , t , s ; \theta)$$
$$= \frac{1}{p(\boldsymbol{X}_t , t , s ; \theta)} E_{\boldsymbol{\gamma}} \left(\mathrm{e}^{-\int_t^{t+s} [\Lambda(X_u ; v) + A(X_u ; \mu)] \mathrm{d}u} \Lambda(X_s ; v) \mid \boldsymbol{X}_t \right)$$

3.5 估计量的分布

尽管我们在这里没有得出一致性的结果,但参数估计量根据样本大小收敛于真实参数的结论,其成立的前提是允许观测期间 k 足够大且企业类型 n 足够大。这是下一步需要研究的内容。

在技术条件和一致性假设下,极大似然估计量和由"真实"数据生成的参数估计量的差异,随着观测数量的增大适度调整,且弱收敛于一个联合正态分布向量,其均值为零且其协方差矩阵具有依赖于样本量的特殊结构。参数估计量各种特征的渐近分布,可以通过所谓的"德尔塔法"进行计算,进而应用于统计推断。或者在给定样本大小的条件下,也可运用蒙特卡洛法对估计量的概率分布进行估计。

4

上市公司的违约强度

我们现在利用 1979—2005 年的数据,用第 3 章介绍的计量方法,对美国非金融企业的违约强度和违约概率期限结构进行估计。估计结果可参考 Duffie、Saita 和 Wang(2007)以及 Duffie、Eckner、Horel 和 Saita(2009)。

我们将会看到,一个企业的违约概率很大程度上依赖于该企业的违约距离。其中违约距离是一种经波动性调整的杠杆测度指标。违约概率的期限结构反映了上市公司的目标杠杆趋势以及与宏观经济周期相关的均值回复特征。违约风险率的期限结构通常是在商业周期峰值时向上倾斜,而在商业周期低谷时向下倾斜,其大小在某种程度上依赖于公司的长期目标杠杆。

原则上,估计模型也可以用来计算企业群的联合违约概率,或由违约相关性决定的其他组合的违约风险测度。在双随机模型条件下,企业间的违约相关性来自于:(1)违约强度对宏观变量的共同依赖程度;(2)企业群中不同企业特有协变量(如杠杆率)的相关性。然而,我们在第 5 章将会看到,本章所介绍的估计模型严重低估了违约相关性程度。因此,第 6 章和第 7 章将该模型进行扩展,用以处理其他不可观测违约相关性。

4.1 数据

我们的数据来自于 Bloomberg、Compastat、CRSP 和 Moody's 数据库，Duffie、Saita 和 Wang（2007）对这些数据进行了整理，Duffie、Eckner、Horel 和 Saita（2009）对过时证券目录（Directory of Obsolete Securities）和 SDC 数据库中所包含的合并、违约和破产等数据进行检验，并做了扩展。通过这些途径对一小部分附加的违约与合并的识别，发现它们并没有从本质上改变由 Duffie、Saita 和 Wang（2007）所估计的违约强度。

企业违约和破产数据来自于 Moody Default Risk Service 和 CRSP/Compastat 数据库。Moody Default Risk Service 对 1938 年的 34 984 家企业进行了跟踪，提供了发行的详细信息以及发行人的评级、违约、破产日期和类型（如廉价交易或未付利息）等信息。CRSP/Compastat 提供了删除数据的原因以及删除的年份和月份（分别为数据项 AFTNT35、AFTNT34 和 AFTNT33）。具体企业的财务数据来自 CRSP/Compastat 数据库，股票价格来自 CRSP 的月度数据，短期和长期债务水平分别来自 Compastat 的年度（数据项 DATA5、DATA9 和 DATA34）和季度数据（数据项 DATA45、DATA49 和 DATA51），S&P500 指数上一年的累计回报率来自 CRSP 的月度数据，国债利率数据来自美国联邦储备委员会网站。所涉及的企业是那些在穆迪数据库中归属于"工业"部门的企业，对穆迪、CRSP 和 Compustat 数据库而言，这部分数据具有共同的企业标识，基本涵盖了所有相应的美国非金融、非公用事业上市公司。我们仅分析包含在 CRSP 和 Compustat 数据库中有至少 6 个月及 6 个月以上月度数据的公司。由于 Compustat 仅提供季度和年度数据，因此，我们将相应季度的会计债务工具看作是月度数据。

数据包含了从 1979 年 1 月到 2004 年 3 月所有公司的月度数据，共计 402 434 条。由于违约定义方式的原因，我们仅采用 2003 年 12 月之前的数据，对于该数据库中的 2 793 家企业，表 4.1 列出了每一种退出类型的企业数量，在所有 496 家违约企业中，尽管"其他违约"类型中的许多企业最终走向破产，但在第一项作为破产出现的有 176 家。

表 4.1　每种退出类型的企业数量（家）

退出类型	数　量
破产	176
其他违约形式	320
并购	1 047
其他退出形式	671

资料来源：Duffie、Eckner、Horel 和 Saita(2009)。

对退出的分类如下：

(1) 破产。出于研究的目的，如果在穆迪数据库中被认定为以下任何一种类型，我们就视之为破产退出：破产，满足《破产法》第 77 条、第 10 章①、第 11 章、第 7 章和《破产预处理》第 11 章。如果在 Compustat 数据库中 AFTNT 项的记录是 2 或 3(分别为第 11 章和第 7 章)，我们也将其视为破产。在某些情况下，我们的数据反映了基于彭博和其他数据库的破产退出。

---

① 第 10 章仅限于从事商业活动但不包括总负债低于 25 000 000 美元的房地产企业。

（2）其他违约形式。违约被定义为如上所述的破产，或在穆迪数据库中以下任何一种违约类型：廉价交易、股息遗漏、宽限期违约、合同调整、未支付利息、延缓支付、停止支付。我们也包括了彭博或其他数据库中的任何一种违约形式。

（3）收购。穆迪、CRSP/Compustat 和彭博数据库中源于并购的退出。

（4）其他退出形式。许多企业由于其他具体原因从 CRSP/Compustat 数据库或穆迪数据库中退出，如反向收购、"不再适合原始文件格式"、杠杆收购、"现在成为一家私人企业"或"其他"（在 CRSP/Compustat 中的编码分别为 4、5、6、9、10）。我们在这一类退出中也包括了穆迪数据库中的任何一种交叉违约、接管、划归管理、监管机构接管或破产接管。我们还包括（AFTNT35 项下）未说明原因地从 CRSP/Compustat 中被移除的企业，当类似情况在一个企业中持续了 180 天以上时，把最后一个观察日作为从我们的数据库中退出的日期。大多数其他形式的退出都源于不同类型的数据差异。

穆迪的企业债券违约年度报告[①]详细阐述了自 1920 年以来，不同类型企业的历史违约率。

我们在很大程度上依赖于一个被熟知为"违约距离"的违约强度协变量，这是一个经波动性调整的杠杆工具，我们所构建的违约距离协变量与 Vassalou 和 Xing（2004）、Crosbie 和 Bohn（2002），以及 Hillegeist、Keating、Cram 和 Lundstedt（2004）所使用的一致。尽管这种传统的违约距离测度方法包含了一些粗略的估计，但 Bharath 和 Shumway（2008）的研究表明，与那些相对简单的测量方法相比，使用该方法得到的违约预测是相对稳健的。从理论上讲，基于 Black 和 Scholes（1973）以及 Merton（1974）模型的违约

---

① 穆迪投资者服务公司的《企业债券发行者的历史违约率》。

距离,就是指资产超过账面负债年资产增长率的标准差大小。为了构建 t 时刻的违约距离协变量,首次测度的 CRSP 数据库中某一企业的股票市值 S_t,是由月末股票价格乘以发行在外的股票数量得来的。所谓的"违约点"L_t,是一个会计属性的负债测度指标,是 Compustat 数据库[①]中企业短期债务与长期债务一半之和。无风险利率 r_t 采用的是当前 3 个月期的国库券利率。我们通过迭代[②]应用以下方程来计算隐含的资产价值 A_t 和资产波动性 σ_A:

$$S_t = A_t \Phi(d_1) - L_t e^{-rt} \Phi(d_2)$$

$$\sigma_A = \widehat{sdev}\left(\ln(A_i) - \ln(A_{i-1})\right)$$

$$(4.1)$$

其中,Φ 是标准正态累积分布函数;d_1 和 d_2 由以下公式定义:

$$d_1 = \frac{1}{\sigma_A}\left[\ln\left(\frac{A_t}{L_t}\right) + \left(r_t + \frac{1}{2}\sigma_A^2\right)\right]$$

$$d_2 = d_1 - \sigma_A$$

我们避免直接使用布莱克—斯科尔斯期权定价模型[正如 Crosbie 和 Bohn(2002)以及 Hillegeist、Keating、Cram 和 Lundstedt(2004)所建议的]来估计资产波动性 σ_A;相反,我们把 σ_A 看作是资产价值增长率的历史时间序列样本标准差(4.1),现在我们可以将违约距离定义为:

$$\delta_t = \frac{\ln\left(\frac{A_t}{L_t}\right) + \left(\mu_A - \frac{1}{2}\sigma_A^2\right)T}{\sigma_A\sqrt{T}}$$

$$(4.2)$$

其中,μ_A 是企业的平均资产增长率;T 是某一选定的时间区间,此处

---

① 我们把 Compustat 中的 45 项("流动负债中的债务")和 49 项("总流动负债")中的较大者作为短期负债。如果这些会计指标在 Compustat 的月度数据库中缺漏,但却在年度数据中可以找到的话,我们就将用年度观测值来替代月度缺漏值。

② 这个迭代过程从 $A_t = S_t + L_t$ 开始。

指 4 个季度。由于是一个粗略估计,我们将 μ_A 看作是无风险利率。

图 4.1 是整个样本共 402 434 个月度观察值的违约距离测度水平频率图。如图所示,一小部分样本的违约距离为负值,当一个企业的股票市值低于其会计负债时,就会出现这种情况。

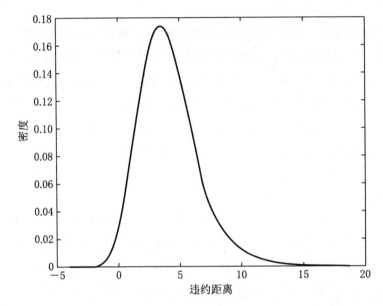

注:图中显示了整个样本违约距离测度水平的种群密度估计。样本包括 1979 年 1 月到 2004 年 3 月间 402 434 个月度观察值。通过将高斯核平滑(带宽等于 0.2)应用于经验分布获得该估计值。

资料来源:Duffie、Eckner、Horel 和 Saita(2009)。

图 4.1 违约距离的横截面分布

在违约强度的基本模型中,我们采用了以下几个可观测的公司特有的和宏观经济协变量:

(1) 违约距离;

(2) 上一年该公司的累计股票收益率;

(3) 3 个月期的国库券利率;

(4) 上一年 S&P 500 指数累计回报率。

4.2 协变量时间序列特征

本节我们对协变量时间序列模型的特殊参数化问题进行总结。由于高维状态向量的存在,我们采用具有以下简单结构的高斯一阶自回归时间序列模型,这个高维状态向量既包括宏观经济协变量,也包括违约距离,而且其规模大概涵盖了近 3 000 家企业。

3 个月期和 10 年期的国库券利率分别为 r_{1t} 和 r_{2t},我们把这两种利率模型化,令 $r_t = (r_{1t}, r_{2t})'$,使:

$$r_{t+1} = r_t + k_r(\theta_r - r_t) + C_r \epsilon_{t+1} \tag{4.3}$$

其中,$r_t = (r_{1t}, r_{2t})'$,ϵ_1,ϵ_2,… 是相互独立的标准正态向量,C_r 是 2×2 下三角矩阵,时间步长为一个月。假定 C_r 是满秩的,那么 (4.3)式是一个简单的无套利二因素仿射期限结构模型。

为了计算企业 i 的违约距离 D_{it}、对数资产价值 V_{it} 和上一年 S&P 500 的累计回报率 S_t,我们假定:

$$\begin{bmatrix} D_{i,\,t+1} \\ V_{i,\,t+1} \end{bmatrix} = \begin{bmatrix} D_{it} \\ V_{it} \end{bmatrix} + \begin{bmatrix} k_D & 0 \\ 0 & k_V \end{bmatrix} \left(\begin{bmatrix} \theta_{iD} \\ \theta_{iV} \end{bmatrix} - \begin{bmatrix} D_{it} \\ V_{it} \end{bmatrix} \right)$$

$$+ \begin{bmatrix} b \cdot (\theta_r - r_t) \\ 0 \end{bmatrix} + \begin{bmatrix} \sigma_D & 0 \\ 0 & \sigma_V \end{bmatrix} \eta_{i,\,t+1} \tag{4.4}$$

$$S_{t+1} = S_t + k_S(\theta_S - S_t) + \xi_{t+1} \tag{4.5}$$

其中:

$$\eta_{it} = A z_{it} + B w_t \tag{4.6}$$

$$\xi_t = \alpha_S u_t + \gamma_S w_t$$

对于独立同分布的二维标准正态分布 $\{z_{1t}, z_{2t}, \cdots, z_{nt}, w_t : t \geqslant 1\}$ 而言，$\{u_1, u_2, \cdots\}$ 是相互独立的，且为独立标准正态分布[①]。尽管不现实，但为了简化起见，我们假设 ϵ 独立于 (η, ξ)。附录 A 介绍了具有标准误差的参数极大似然估计法。

4.3 违约强度估计

假设 t 时刻企业 i 的违约强度表达式为：

$$\lambda_i(t) = \exp(\beta_0 + \beta_1 U_{i1}(t) + \beta_2 U_{i2}(t) + \beta_3 Z_1(t) + \beta_4 Z_2(t))$$

$$(4.7)$$

其中，$U_{i1}(t)$ 和 $U_{i2}(t)$ 分别代表企业 i 的违约距离和上一年的股票回报，$Z_1(t)$ 代表三个月期美国国库券利率，$Z_2(t)$ 是上一年 S&P 500 指数回报率。假定其他退出形式的强度（如源于并购的退出）与违约强度具有相同的参数形式，表 4.2 给出了从参数 β_0 到 β_4 的违约强度估计量。根据标准的假设检验，Duffie、Saita 和 Wang(2007) 所报告的其他退出形式的强度对协变量依赖程度的判决系数并不显著为零。尽管从预测其他退出形式可能性的角度来看，该模型具有严重缺陷，但由于它在估计违约似然性时考虑了其他退出方式的平均速率，因此，该模型仍然非常重要，本章最后一部分将对此进行说明。

---

① 该 2×2 矩阵 $\boldsymbol{A}$ 和 $\boldsymbol{B}$ 有 $\boldsymbol{A}_{12} = \boldsymbol{B}_{12} = 0$，且对其进行了标准化处理，使得对角线上的元素 $\boldsymbol{AA'} + \boldsymbol{BB'} = 1$。为了估计的需要，必须进行类似的标准化处理，因为联合分布 η_{it}（包括所有的 i）是由 $\boldsymbol{AA'} + \boldsymbol{BB'}$ 和 $\boldsymbol{BB'}$ 中的 6 项（非单位的）决定的，我们所进行的标准化使得 $\boldsymbol{A}$ 和 $\boldsymbol{B}$ 分别等于 Cholesky 分解中的 $\boldsymbol{AA'}$ 和 $\boldsymbol{BB'}$。

表 4.2   强度参数估计

	系数	标准差	t 统计量
常数项	−2.093	0.121	−17.4
违约距离	−1.200	0.039	−30.8
往期累计股票回报	−0.681	0.082	−8.3
3 个月期国库券利率	−0.106	0.034	−3.1
S&P 500 指数往期累计回报	1.481	0.997	1.5

注:该表给出了强度参数的极大似然估计。当对已估参数进行评估时，使用似然函数的海森矩阵来计算估计的渐进标准误。
资料来源:Duffie、Eckner、Horel 和 Saita(2009)。

图 4.2 说明了逐月的违约次数,从最少的 0 次到最多的 12 次,同时也描绘了所有企业的月违约强度估计情况[这个总强度图实际上来自 Duffie、Saita 和 Wang(2007)而非 Duffie、Eckner、Horel 和 Saita(2009),但事实上这两个研究几乎是一致的]。根据

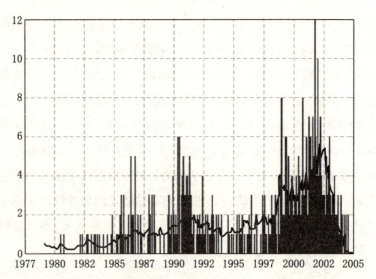

注:图中显示了 1979—2004 年(所有企业)的月违约强度和月违约次数。其中竖线代表违约次数,曲线代表违约强度。
资料来源:Das、Duffie、Kapadia 和 Saita(2007)。

图 4.2   强度和违约次数(按月统计)

定义,如果对违约强度进行了正确的测度,那么,在给定总强度路径的情况下,某一既定月份的违约次数就是一个随机变量,其条件均值约等于该月总强度路径的平均值。

4.4 违约概率的期限结构

我们以 Xerox Incorporated 为例来说明违约风险率期限结构模型的估计结果。我们将 2001 年 1 月 1 日作为基准日,图 4.3 所示的估计的违约风险率期限结构是向下倾斜的,其主要原因是,Xerox 公司当天的违约距离为 0.95,远低于其目标估计值 $\hat{\theta}_{iD} =$ 4.4(其估计的标准差为 1.4)。 Xerox 公司五年违约掉期率为 980 个基点[1],上一年的累计股票回报率[2]为 −71%,这些都表明 Xerox 公司在该时点上正陷于严重的财务困境。

图 4.3 表明,无论 Xerox 公司的违约距离高于或低于其现行水平[3],违约距离发生一个标准差的位移(从其估计的平稳分布)都会对违约风险率期限结构造成假设性影响。就标准化冲击对违约强度以及对时间序列持续性的影响而言,对违约距离的冲击给 Xerox 公司的违约风险率期限结构产生的影响,比对其他任何一个协变量相同冲击所带来的影响要大得多。这种利率变化所造成的影响,要小于 Xerox 公司违约距离发生变化所造成的影响,这不

---

① 该 CDS 率是 GFI 公司和 Lombard Risk 公司提供的平均报价。

② 作为一个强度协变量,往期累计股票回报率的测度基础是连续复利计息,其值为 −124%。

③ 例如,均值回归参数 κ_Y 和新息标准差 σ_Y 的极大似然估计分别为 $\hat{\kappa}_Y$ 和 $\hat{\sigma}_Y$,一阶自回归过程 Y 的平稳分布有一个标准差,其极大似然估计为 $\hat{\sigma}_Y^2 / (1 - (1 - \hat{\kappa}_Y)^2)$。

仅仅是因为这些冲击的相对大小是由相应的强度系数决定的,而且也因为利率要比违约距离的持续性差(有一个更高的均值回复率)。

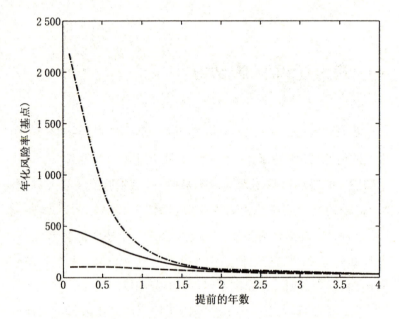

注:图中显示了 Xerox 公司在 2001 年 1 月 1 日的年化违约风险率(实线),在一个标准差水平上的违约距离(1.33)低于其现行水平 0.95(圆点虚线),在一个标准差水平上的违约距离高于其现行水平(虚线)。S&P 500 指数的往期累计回报率为 -8.6%,Xerox 公司的上一年股票累计回报率为 -71%,3 个月期国库券利率为 5.8%,10 年期国债收益率为 5.2%。

资料来源:Duffie、Saita 和 Wang(2007)。

图 4.3　2001 年 Xerox 公司违约风险率的期限结构

如图 4.3 所示,Xerox 公司条件违约风险率的期限结构形状反映了协变量时间序列的动态特征。违约概率的逆周期行为已经在许多前沿研究中有据可查,如 Fons(1991),Blume 和 Keim(1991),Jonsson 和 Fridson(1996),McDonald 和 Van de Gucht(1999),Hillegeist、Keating、Cram 和 Lundstedt(2004),Chava

和 Jarrow(2004)，以及 Vassalou 和 Xing(2004)。我们的研究重点是公司特有的协变量和宏观经济协变量对公司违约可能性的影响，研究范围不仅仅是紧随其后的一段时间，也涉及未来很多其他时间段，包括均值回复、波动性和相关性的影响。

图 4.4 表明了在 Xerox 公司违约时点上估计的条件概率密度函数，由下式给出：

$$\frac{\mathrm{d}}{\mathrm{d}u}q(\boldsymbol{X}_t,\ t,\ u)$$

其中，对于 2004 年 1 月 1 日的基准日 t，$q(\boldsymbol{X}_t,\ t,\ u)$由(2.7)式给

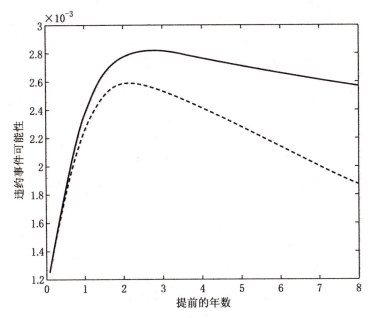

注：图中显示了违约时间为 2004 年 1 月 1 日 Xerox 公司估计的违约时间条件密度。下面的曲线表示估计的违约时间密度，包括并购的存活影响；上面的曲线表示忽略其他退出形式的密度（设置为零）而得到的估计的违约时间密度。

资料来源：Duffie、Saita 和 Wang(2007)。

图 4.4　其他退出方式对违约时间密度的影响

出。图 4.4 还表明，如果忽略如并购之类的其他退出情况的影响
（也就是说，如果假设其他退出形式的强度为零），违约时间密度要
比考虑了其他退出形式的情况高多少。该图说明了调整违约概率
估计对其他退出形式的重要影响。很明显，在被另一家企业合并
了不到一年的情况下，Xerox 公司在未来一年内都不会倒闭。在
实践中，我们当然应该考虑如果债务由收购企业或被并购企业支
付，而不是由并购企业支付这一情况下债务工具的违约风险。

5

违约相关性

违约相关性,从更广泛意义上来讲,即违约以时间聚类的方式,是债务组合风险管理以及证券化信用产品(如担保债务凭证)的设计、定价和风险管理的核心。本章着重研究测度强度之外的违约相关性,内容包括一系列的检验,用以说明上一章违约强度估计所未能捕获的违约相关性。

5.1 违约相关性的来源

企业的违约相关性来自于以下几个途径。首先,企业也许会面临共同的或相关的风险因素,这些因素的共同运动使其条件概率发生相应变化。其次,企业违约可能具有"传染性",在这种情况下,一家企业的违约可能会恶化另一家企业的经济环境,从而导致该企业也违约。例如,违约企业可能是另一家企业的客户或者供应商。第三,一家企业的违约可能会揭示以前所隐藏的与存活企业发展前景相关的信息。例如,安然和世通公司的倒闭在某种程度上揭露了其他公司可能存在的会计违规行为,这对其他企业的条件违约概率可能会造成直接的影响。

本章的主要目的是检验第一种途径的跨企业违约相关性是否充分考虑了我们在数据库中所发现的违约时间聚类程度,我们在第 4 章曾用这个基于可观测因素的违约相关性来判定条件违约概率。在第 4 章的基本模型下,违约相关性可以完全归因于跨企业风险因素的共同运动,这些风险因素决定了单个企业的违约强度。尽管完全建立在 Das、Duffie、Kapadia 和 Saita(2007)基础上的这个模型相对来说容易操作,但在本章中我们仍将看到,就 1979—2005 年期间的美国上市公司而言,在此用于测度违约强度的可观测风险因素所引致的违约相关性。大大低于我们在数据库中实际发现的相关性,这一现象促使我们在第 6 章和第 7 章对"脆弱"模型进行探讨,在该模型中考虑了不可观测的违约相关性,也就是我们上面提到的第三个途径。

我们对违约相关性的第二种来源不做讨论,它描述了企业间的直接结构型依赖关系,具有违约传染性,Lando 和 Nielsen(2009)以及 Azizpour 和 Giesecke(2010)采用自激强度法对此进行了实证估计,在该方法中,违约强度按照某一规则对违约事件做出反应,该规则中的参数通过数据库中的数据进行估计。Lang 和 Stulz(1992)从股票价格方面提供了违约传染性的例证。Jorion 和 Zhang(2007)的实证研究发现,信用违约掉期定价对相关企业违约的反应具有传染性。Davis 和 Lo(2001)、Giesecke(2004)、Jarrow、Lando 和 Yu(2005)、Kusuoka(1999),Schönbucher 和 Schubert(2001)、Yu(2003),以及 Zhou(2001)从理论上研究了传染性对违约定价的影响。Collin-Dufresne、Goldstein 和 Helwege(2010)、Giesecke(2004),以及 Jarrow 和 Yu(2001)以脆弱性统计模型为基础,发展出了一种"从违约中学习"的解释方法,认为违约强度包括不可观测协变量的预期影响。在脆弱性情况下,违约到达(经由贝叶斯法则)会导致隐藏协变量的条件分布有一个跳跃,从而引起任一其他企业条件违约概率上的一个跳跃,这些企业的违约强度依赖于相同的不可观测协变量。Yu(2005)的实证研究发现,在其他条件不变的情况下,会计变量测量精度上的下降会伴随着信用利差的扩大。

对于企业债务组合的风险管理而言,了解企业间的违约是如何相关的尤其重要。例如,为了确保贷款组合的绩效,银行将资本维持在某些水平上,以承受极高置信水平(如99.9%)上的违约集聚。正如Gordy(2003)和Vasicek(2004)的研究中所指出的那样,某些银行使用模型来决定其资本要求,这些模型假定,违约相关性由决定条件违约概率的共同风险因素捕获。如果违约更多地以时间聚类而不是体现在这些违约风险模型中,那么就会大幅度提高资本要求以弥补违约损失,特别是当置信水平较高时,更是如此。对于结构型信用产品[如担保债务凭证(CDOs)]的设计、评级以及风险分析而言,理解违约集聚的来源和程度是非常重要的,一旦相关债务组合的总体损失超过了设计阈值,即大家所熟知的超额抵押,那么这些结构型信用产品就会面临损失。

5.2 泊松违约的时间重标

为了检验估计的违约强度是否可能遗漏了某些违约相关性,我们考虑时间标度的改变,在这种变化下,一单位"新时间"的长度对应于一个日历时段,在该时段内,所有企业的违约强度累积总值增加了一个单位。在现有强度下，该日历时段应包含一次预期违约。在这种新时间标度下，到当前为止的累计违约次数定义了一个标准（常均值到达率）泊松过程。我们将证明，在考虑了适当的随机性后，违约到达的类型更多地是以时间聚类而不是所说的以违约强度聚类。

具体而言，基于命题 2（第 2 章）所提出的时间重标，我们扩展得到以下结论。

命题 2 的推论 考虑时间重标的情况，每一附加新时间的长度对应于累积附加一单位所有生存企业总强度所需的日历时段。令 $J(s)$ 为截至新时间（重标的）s 的违约次数。在命题 2 的非同时违约条件下，对于任一时间区间 $c > 0$，在连续时间区间内的违约次数都是均值为 c 的独立泊松分布随机变量：

$$N_1 = J(c), \quad N_2 = J(2c) - J(c), \quad N_3 = J(3c) - J(2c), \quad \cdots$$

其中，每一时间区间都包含 c 单位重标时间。

基于该推论和命题 2 的检验在以下几个方面得到应用。

(1) 对于具有理论泊松分布均值 c、在给定累积强度为 c 的条件下，我们采用 Fisher 分散度检验对连续时间区间的违约次数 N_1，N_2，$\cdots$，N_k，$\cdots$ 的经验分布进行一致性检验。对我们研究的所有时间区间规模（2、4、6、8、10），在传统置信水平下拒绝零假设：违约到达是按照一个时变泊松过程实现的。

(2) 我们检验在给定大小为 c 的时间区间情况下，连续时间区间内的违约次数 N_1，N_2，$\cdots$，N_k 的上四分位均值，是否显著大于从参数为 c 的泊松分布中独立提取的同等规模样本的上四分位均值。另一个类似检验是基于上四分位中位数的检验。这些检验旨在检验超过了违约强度所隐含的违约聚类部分。我们对这个检验也进行了扩展，以便能够同时处理一系列不同大小的时间区间。当时间区间大小为 2、4、10 时，在传统置信水平上拒绝零假设，且在所有时间区间的联合检验中拒绝零假设。也就是说，至少到目前为止，该检验表明数据显示的违约聚类超过了估计强度所暗含的违约聚类。

（3）从另一个角度看，我们的一些检验基于这样一个事实：在新的时间刻度中，违约的到达间隔是服从参数为 1 的独立同分布的指数分布随机变量。我们给出了对违约到达时间（在新时间刻度中）的聚类超过泊松过程聚类进行的 Prahl（1999）检验结果，零假设被拒绝，这再次表明违约聚类超出了假设的部分，该假设假定违约相关性是由用于强度估计的违约协变量的共同运动所捕获的。

（4）固定时间区间的大小为 c，附录 C.2 给出了通过对自回归模型的拟合得出的 N_1，N_2，…序列相关性的检验结果。序列相关性表明，泊松过程的独立增量特性将不复存在，而且如果序列相关性为正，那么可能会导致违约相关性超出已估违约强度所捕获的范围。除过 $c=2$ 之外，所有其他大小的时间区间若为正序列相关，那么我们拒绝零假设。

因为这些检验并不依赖于企业违约强度过程的联合概率分布，包括它们的相关性结构，因此，它们既考虑了普遍性也考虑了稳健性。假设企业间的违约相关性基本上是由已测强度捕获，但数据分析结果与该假设完全不一致，这种情况可能源于与遗漏协变量相关的设定偏误。例如，如果真实违约强度取决于宏观经济变量，而这些宏观经济变量未被用于估计测度强度，那么，即使在测度强度基础上改变时间标度之后，违约次数也可能相关。举例来说，即使控制了其他协变量之后，如果真实违约强度随着国内生产总值（GDP）增长率的上升而下降，那么，GDP 增长率较低时所引致的违约聚类，要多于测度强度所预测的违约聚类。附录 C 的例证表明,美国工业产值(IP)增长是一个遗漏变量,然而,即使包括了这个协变量后对强度进行重新估计,我们依然拒绝与上述检验相关的零假设(尽管在较大的 p 值水平上)。Lando 和 Nielsen (2009)对模型增加了其他协变量,尽管样本规模较小,但还是不能拒绝强度模型。

我们还将测度不是由已估违约强度所捕获的违约相关性程度,为此,附录 B 报告了 Schönbucher 和 Schubert(2001)的强度条件 Copula 模型的数据测度口径。相关的 Gaussian Copula 条件强度相关性参数是大量其他违约相关性的测度工具,为了与数据中所观测到的违约聚类程度相匹配,除了由违约强度共同运动所揭示的违约相关性之外,我们必须添加这一测度工具。附录 B 所报告的估计增量 Copula 相关性参数的范围为 1%—4%,具体大小取决于所采用的时间窗长度。比较而言,Akhavein、Kocagil 和 Neugebauer(2005)通过将违约相关性调整为实际大小,也就是说,调整为"移除"违约强度相关性之前的水平,估计的部门内非条件 Gaussian Copula 相关性参数大致为 19.7%,跨部门的为 14.4%。尽管这只是一个粗略的对比,但仍表明,违约强度相关性即使没有考虑全部,但也考虑了大部分的违约相关性。

5.3   拟合优度检验

本章使用的数据与第 4 章描述的基本相同,涵盖了从 1979 年 1 月到 2004 年 8 月的不同时间段,包括了 2 770 个不同的企业和 495 个违约企业,共为 392 404 个月度观察值。强度特征和估计过程与第 4 章所描述的相同。Duffie、Saita 和 Wang(2007)的系数估计值与第 4 章所报告的相同。

我们估计了每一企业 i 在每一日期 t 的年化违约强度 λ_{it}（把 λ_{it} 看作是一常数），令 $\tau(i)$ 表示企业 i 的违约时刻，$U(t) = \int_0^t \sum_{i=1}^n \lambda_{is} 1_{\{\tau(i)>s\}} ds$ 为所有生存企业的总累积违约强度。为了得到包含 c 单位累积违约强度的时间区间，我们构建日历时间 $t_0, t_1, t_2, \cdots, t_0 = 0$ 且 $U(t_i) - U(t_{i-1}) = c$。然后，令 $N_k = \sum_{i=1}^n 1_{\{t_k \leqslant \tau(i) \leqslant t_{k+1}\}}$ 为第 k 个时间区间内的违约次数。图 5.1 说明了时间区间 $c = 8$ 的情况，为了更好地体现违约的时间区间效应，我们将研究范围限定在 1995—2001 年。

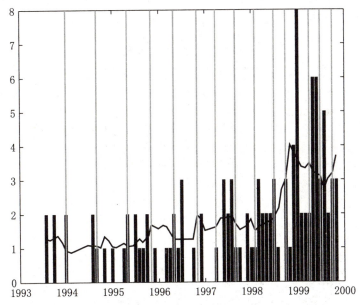

注：图中显示了 1994—2000 年按月估计的整体强度和违约次数，时间区间分隔符标记了时间间隔，该间隔包含了 $c = 8$ 的总累积违约强度。其中竖条代表每月违约次数，曲线表示估计的总违约强度。

资料来源：Das、Duffie、Kapadia 和 Saita（2007）。

图 5.1 时间重标后的强度区间

表 5.1 对几种不同时间区间违约分布的经验矩和理论矩进行了比较。在泊松分布下，$P(N_k=n)=\dfrac{e^{-c}c^n}{n!}$，$N_k$ 的相关矩均值和方差为 c，偏度为 $c^{-0.5}$，峰度为 $3+c^{-1}$。因为在构建时间区间 t_1，t_2，…中存在时间间隔，因而实际时间区间与所显示的整数时间区间大小稍有不同。时间区间与每一时间区间内违约次数相关样本均值 $(N_1+N_2+\cdots+N_K)/K$ 之间的近似匹配证实，基本的违约强度数据得到了很好的估计。然而，在给定估计的样本内性质的条件下，这一点在某种程度上是可预期的。在总违约强度条件下，总违约次数的期望值为 470.6，然而实际违约次数为 495。表 5.1 表明，在正确估计违约强度的假设下，对更大的时间区间而言，其经验方差大于理论方差。

表 5.1　经验矩和理论矩

时间区间大小	均值	方差	偏度	峰度
2	2.04	2.04	0.70	3.49
(230)	2.12	2.92	1.30	6.20
4	4.04	4.04	0.50	3.25
(116)	4.20	5.83	0.44	2.79
6	6.04	6.04	0.41	3.17
(77)	6.25	10.37	0.62	3.16
8	8.04	8.04	0.35	3.12
(58)	8.33	14.93	0.41	2.59
10	10.03	10.03	0.32	3.10
(46)	10.39	20.07	0.02	2.24

注：本表对每一时间区间违约分布的经验矩和理论矩进行了比较。时间区间下面括号中的数字为时间区间观测值 K。上一行是泊松分布的理论矩，下一行是经验矩。

资料来源：Das、Duffie、Kapadia 和 Saita(2007)。

对于大小为 2 和 8 的时间区间，图 5.2 和图 5.3 分别显示了观测的违约频率分布和相关的理论泊松分布。在某种程度上，违约取决于不可观测协变量，或至少取决于无论可观测与否但未被包括在内的协变量。对于更大的时间区间而言，泊松分布的波动会更大，这是因为我们需要一定的时间去构建遗漏协变量对每一时间区间内违约次数概率分布的显著增量影响。

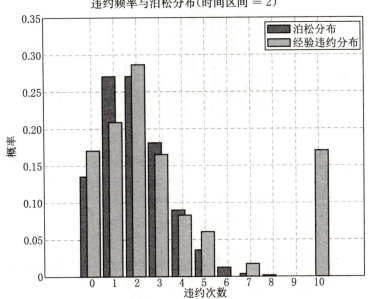

注：图中显示了时间区间为 2 的经验和理论违约分布。理论分布为泊松分布。

资料来源：Das、Duffie 和 Saita(2007)。

图 5.2　小时间区间的违约分布

5.3.1　Fisher 分散度检验

我们采用 Fisher 分散度检验方法，对违约强度是否被正确测度这一假设进行首次拟合优度检验，也就是在给定某一时间区间

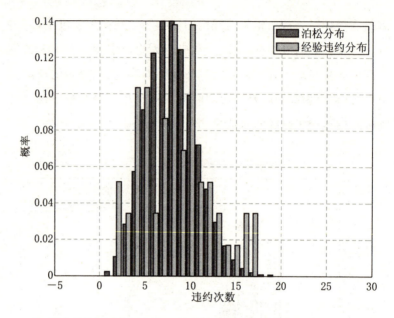

注:图中显示了时间区间为 8 的理论和经验违约分布。理论分布为泊松分布。

资料来源:Das、Duffie、Kapadia 和 Saita(2007)。

图5.3 大时间区间的违约分布

c 的条件下,检验每一时间区间的经验违约分布与参数为 c 的理论泊松分布是否一致。

正如 Cochran(1954)描述的固定时间区间为 c,对零假设:N_1, N_2, $\cdots$, N_K 是均值为 c 的独立泊松分布变量进行简单检验的方法就是 Fisher 分散度检验。在这一零假设下:

$$W = \sum_{i=1}^{K} \frac{(N_i - c)^2}{c} \tag{5.1}$$

近似为一个自由度为 $K-1$ 的 χ^2 分布的随机变量。 如果 W 的值大于具有相应自由度的 χ^2 随机变量时,将产生一个较小的 p 值,这意味着如果违约强度得到很好的估计的话,那么会产生大量的违约聚类。表 5.2 中的 p 值表明,在标准置信水平,如 95% 的条件下,我们在所有时间区间都拒绝这一零假设。

表 5.2　Fisher 分散度检验

时间区间	K	W	p 值
2	230	336.00	0.000 0
4	116	168.75	0.000 8
6	77	132.17	0.000 1
8	58	107.12	0.000 1
10	46	91.00	0.000 1

注:本表是对均值等于时间区间的泊松分布拟合优度的 Fisher 分散度检验。在违约强度被正确测度的假设下,统计量 W 是自由度为 $K-1$ 的 χ^2 分布。资料来源:Das、Duffie、Kapadia 和 Saita(2007)。

5.3.2　上尾检验

如果违约事件之间比强度的联合运动具有更强的正向相关关系的话,那么,每一时间区间违约经验分布的上尾就要比相关泊松分布的上尾厚。下面,我们采用蒙特卡罗检验来比较经验分布上四分位(均值或中值)和泊松分布上四分位的大小。

对于给定大小为 c 的时间区间,令 M 代表各时间区间违约次数 N_1,N_2,$\cdots$,N_K 经验分布上四分位的样本均值。通过蒙特卡洛模拟,我们得到 10 000 个数据集,每个数据集包含 K 个参数为 c 的独立泊松随机变量。当一部分模拟数据集的样本上四分位值(均值或中值)大于实际样本均值 M 时,我们得到估计的 p 值。表 5.3 给出的样本 p 值表明,对于五分之四的时间区间而言,其上四分位的尾部要厚于理论泊松分布的尾部。也就是说,对于这些时间区间而言,单边检验在典型置信水平上拒绝零假设,不同时间区间的联合检验在标准置信水平上拒绝零假设。

表 5.3　违约上四分位的均值与中值

时间区间	尾部均值		p 值	尾部中值		p 值
	数据	模拟值		数据	模拟值	
2	4.00	3.69	0.00	4.00	3.18	0.00
4	7.39	6.29	0.00	7.00	6.01	0.00
6	9.96	8.95	0.02	9.00	8.58	0.06
8	12.27	11.33	0.08	11.50	10.91	0.19
10	16.08	13.71	0.00	16.00	13.25	0.00
总体			0.001 8			0.000 3

注:本表对比了每一时间区间违约上四分位均值和中值的检验结果与相关的理论泊松分布值。表中最后一行的"总体"是指在时变违约到达是参数为 1 的泊松分布假设下,至少存在一种时间区间,其违约次数的均值(或中值)大于相应经验均值(或中值)的估计概率。

资料来源:Das、Duffie、Kapadia 和 Saita(2007)。

5.3.3　Prahl 违约聚类检验

Fisher 分散度检验和我们上面介绍的上尾检验并没有有效利用所有时间区间的可得信息,本节我们对 Prahl(1999)提出的"突发式"违约的检验方法进行应用。Prahl 检验对超出理论泊松过程的聚类违约比较敏感,该检验尤其适用于那些由违约相关性引起的而非违约强度的联合运动所导致的违约聚类。Prahl 统计检验的理论依据是标准泊松过程发生的时间间隔是独立的指数分布。因此,在这一零假设下,Prahl 检验用于判定在整体违约累积强度的时间变化后,违约时间间隔 Z_1, Z_2, …是否是参数为 1 的独立指数分布随机变量(因为数据的粒度性,我们得出的均值略小于 1)。

表 5.4 给出了基于强度的时间标度下违约间隔的样本矩,同时也给出了时间标度进行线性调整后,即违约间隔分布的均值与基于强度的时间标度的均值相匹配后,未调整的(实际的日历时

间)违约间隔的相应样本矩。通过对这两种矩进行比较得出,强度条件下消除了大量的违约相关性,从某种意义上来说,强度时间标度下违约间隔样本矩比实际(日历)违约间隔样本矩更接近于指数运动。

表 5.4 违约间隔分布矩

矩	强度时间	日历时间	指数
均值	0.95	0.95	0.95
方差	1.17	4.15	0.89
偏度	2.25	8.59	2.00
峰度	10.06	101.90	6.00

注:本表有选择地给出了违约间隔分布矩。对于准确测度的违约强度而言,以强度时间衡量的违约间隔是指数分布的。本表也给出了对时间标度进行线性调整,使其与违约到达间隔的首次矩及均值匹配后,以日历时间标示的违约到达间隔的经验分布。

资料来源:Das、Duffie、Kapdia 和 Saita(2007)。

令 C^* 表示 $Z_1, Z_2, \cdots, Z_n$ 的样本均值,Prahl 表明:

$$M = \frac{1}{n} \sum_{\{k : Z_k < C^*\}} \left(1 - \frac{Z_k}{C^*}\right) \tag{5.2}$$

是均值为 $\mu_n = e^{-1} - \alpha/n$,方差为 $\sigma_n^2 = \beta^2/n$ 的渐近(于 n)标准正态分布。其中:

$$\alpha \simeq 0.189$$
$$\beta \simeq 0.242\,7$$

当违约次数 $n = 495$ 时,利用我们的数据可以计算得出:

$$M = 0.405\,5$$

$$\mu_n - \frac{1}{e} - \frac{\alpha}{n} = 0.367\,5$$

$$\sigma_n = \frac{\beta}{\sqrt{n}} = 0.010\,9$$

在违约间隔为指数化独立同分布的零假设下,从我们的数据中测度到的检验统计量 M 与渐近均值相差 3.48 个标准差,这证明了违约聚类远远超出了测度的违约强度(在日历时间标度下,检验统计量 M 与指数化违约间隔的均值 μ_n 相差 11.53 个标准差)。

图 5.4 显示了与指数化密度[①]相比,累积总违约强度在时间标度调整前后违约间隔的经验分布。

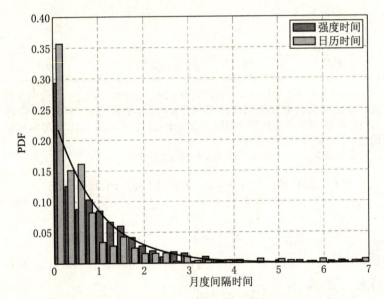

注:图中显示了由总违约强度引起的时间标度调整后违约间隔的经验分布与理论指数密度的对比。这里给出了日历时间和强度时间两种时间标度下,违约到达间隔的分布。曲线刻画了在指数分布的零假设下,违约到达间隔的理论概率密度函数。

资料来源:Das、Duffie、Kapadia 和 Saita(2007)。

图 5.4　重新调整的违约间隔分布

---

① Das、Duffie、Kapadia 和 Saita(2007)报告了在新时间标度下,违约间隔指数分布拟合优度的柯尔莫哥洛夫—斯米尔诺夫(KS)检验。相关的 KS 统计量为 3.14(也就是 $\sqrt{n}$ 乘以通常的统计量 D,其中 n 是违约到达次数),p 值为 0.000,因此拒绝零假设:准确测度了违约强度(日历时间下相应的 KS 统计量为 4.03)。

5.4　讨论

我们的结论充分考虑了普遍应用的信用风险模型的效力,即用以获取组合违约损失概率分布尾部的能力,因此风险管理人员和监管人员可能会对我们的研究特别感兴趣。例如,在较高的置信水平下,企业债务杠杆组合所必须的经济资本水平在很大程度上取决于违约强度测度的准确程度,尤其要看违约强度是否涵盖了大部分的违约相关性。在国际监管资本规则下,这也许会引起大家将资产组合信用风险的定量分析方法应用于银行监管资本计提方面的浓厚兴趣[正如 Gordy(2003)以及 Allen 和 Saunders (2003)的研究]。在最后两章,我们将探讨构建更为现实的违约相关性模型所面临的挑战。

在 Lando 和 Nielsen(2009)的一项研究中,他们对这里所采用的强度模型增加了几个新的协变量,其中最重要的一个变量是企业短期债务的会计衡量工具(他们的样本小于我们这里所使用的样本),即便如此,他们还是不能拒绝本章所阐述的一系列检验。一旦建立了协变量波动行为的时间序列模型,他们所改进的强度特性将有可能成为建立资产组合违约风险高级模型的基础。

6

脆弱性引致的相关性

在 Duffie、Eckner、Horel 和 Saita(2009)的研究基础上,本章给出了一个联合违约风险的脆弱性模型,联合违约风险是指不同企业面临一个共同的不可观测但又随时间随机变化的违约风险。在已知此前的可观测协变量和违约事件的情况下,该脆弱性因素的后验分布代表了一个重要的违约相关性。如下一章所阐述的,对于 1979—2004 年期间美国的非金融上市公司而言,该模型的经验证据表明,脆弱性引发违约聚类的大幅增加,且其违约损失的条件期望水平随时间显著波动,这些都超出了由可观测违约协变量如杠杆、波动性、股票回报率和利率所能预测的结果。样本外检验表明,加入脆弱性因素的模型能够更准确地评估企业债务组合重大损失的可能性。

在第 2 章和第 4 章所描述和估计的标准双随机模型下,只有当可观测因素之间的相关性决定违约强度时,不同企业的违约时间才是相关的,双随机假设大大减轻了估计的计算压力。然而,第 5 章的内容表明,企业间的违约相关性要比仅由可观测协变量估计的违约强度联合分布显示的相关性更为显著。

"脆弱性"的出现会违反双随机假设,这意味着企业间不可观测解释变量之间也许是相关的。即使所有相关的协变量从根本上来说是可观测的,但在实践中,难免会忽略许多协变量。从违约概率或组合信用风险估计的角度看,遗漏变量和不可观测变量所带来的影响在本质上是相同的。

第 6.1 节为违约时间的联合概率分布设定了一个脆弱模型。第 6.2 节介绍了如何综合运用蒙特卡罗 EM 算法和 Gibbs 抽样法来估计模型参数。第 7 章总结了给定整体样本的情况下,拟合模型和脆弱性变量后验分布的一些性质。

6.1 脆弱模型

给定概率空间 $(\Omega, \mathcal{F}, P)$ 和信息滤集 $\{\mathcal{G}_t : t \geqslant 0\}$,马尔可夫状态向量 $\boldsymbol{X}_t$ 包含企业特有协变量和宏观经济协变量,但该向量只能观测到在一定程度上仍待定义的部分变量。如果所有这些协变量是可观测的,那么企业 i 在 t 时刻的违约强度将为 $\lambda_{it} = \Lambda_i(\boldsymbol{X}_t, \boldsymbol{\beta})$,其中 $\boldsymbol{\beta}$ 为待估参数向量。

有几种途径可能会引起第 5 章提到的多余的违约相关性。例如,由于违约具有传染性,一家企业违约可能会直接影响另一家企业的违约可能性。如果一家企业比另一家企业在市场上发挥的作用大,那么,我们从某种程度上可以预见这种传染性。2005 年 11 月汽车零件制造商德尔福的破产,影响了通用汽车公司的生存前景,这一事件说明了基于共同或相关协变量违约相关性之外,一家企业的倒闭是如何削弱另一家企业的发展的。Lando 和 Nielsen (2009) 以及 Azizpour 和 Giesecke(2010)运用数据证明了"自我激励"效应,按照参数由数据估计而来的一个既定公式可以得出,"自我激励"效应会使违约强度会对其他企业的违约立即做出反应。

下面我们来考察"脆弱性"的涵义,脆弱性会让许多企业共同面临一个或多个不可观测的风险。尽管更为丰富的模型和充分的数据能够估计如部门一级的其他脆弱性因素,但为简化起见,我们仅研究单一的共同的脆弱性和不同企业所面临的不同的脆弱性。

一旦可得信息被人为扩大到包含了脆弱性因素时,我们所采用的数学模型实际上就是双随机的。也就是说,无论状态向量 X 的构成部分在未来可观测还是不可观测,我们都假定企业的违约是独立的。这意味着违约相关性来自两个方面:(1)决定违约强度的可观测和不可观测因素未来的联合运动;(2)在已知此前可观测协变量观测值和违约事件的条件下,不可观测协变量现有水平下的不确定性。

令 U_{it} 为企业 i 可观测的特有协变量向量,V_t 为任意时刻均可观测的宏观经济变量向量,Y_t 为不可观测的脆弱性变量向量。那么,完整的状态向量为 $X_t = (U_{1t}, U_{2t}, \cdots, U_{mt}, V_t, Y_t)$,其中 m 为数据库中的企业总数。

令 $W_{it} = (1, U_{it}, V_t)$ 为公司 i 的可观测协变量向量(包括一个常数),由于我们对这些协变量逐月进行观测,但对违约次数却是连续观测,因此,令 $W_{it} = W_{i, k(t)}$,其中 $k(t)$ 是最近一个月的终止时刻。令 T_i 为公司 i 的最后一次观测时刻,这可能是违约时刻也可能是以另外一种形式退出的时刻。由于我们所采用的首达时刻 t_i 是确定的,因此,在正则条件下,t_i 可以被当作停时。

由企业特有协变量生成的信息滤集 $(\mathcal{U}_t)_{0 \leqslant t \leqslant T}$ 被定义为:

$$\mathcal{U}_t = \sigma(\{U_{is} : 1 \leqslant i \leqslant m, t_i \leqslant s \leqslant t \wedge T_i\})$$

违约时间滤集 $(\mathcal{H}_t)_{0 \leqslant t \leqslant T}$ 由下式给出：

$$\mathcal{H}_t = \sigma(\{D_{is} : 1 \leqslant i \leqslant m, t_i \leqslant s \leqslant t \wedge T_i\})$$

其中，D_i 是公司 i（违约前为 0，违约后为 1）的违约示性过程。信息滤集 $(\mathcal{F}_t)_{0 \leqslant t \leqslant T}$ 由以下的并集进行定义：

$$\mathcal{F}_t = \sigma(\mathcal{H}_t \bigcup \mathcal{U}_t \bigcup \{V_s : 0 \leqslant s \leqslant t\})$$

然而，完整的信息滤集 $(\mathcal{G}_t)_{0 \leqslant t \leqslant T}$ 是一个更大的并集：

$$\mathcal{G}_t = \sigma(\{Y_s : 0 \leqslant s \leqslant t\}) \bigvee \mathcal{F}_t$$

关于完整信息滤集 $(\mathcal{G}_t)$，违约时间和其他退出时间均被假定为双随机的，企业 i 的违约强度由 $\lambda_{it} = \Lambda(W_{it}, Y_t; \beta)$ 给出，其中：

$$\Lambda((w, y); \beta) = e^{v_1 w_1 + v_2 w_2 + \cdots + v_n w_n + \eta Y} \tag{6.1}$$

所有企业具有共同的参数向量 $\beta = (v, \eta, k)$，其中 k 是一个参数，后面我们会对它的作用进行定义。为了使 $\tilde{\lambda}_{it}$ 成为可观测协变量引起的强度 $(\mathcal{G}_t)$ 的一部分，使 $e^{\eta Y_t}$ 成为不可观测脆弱性引起的换算系数，我们可以写为：

$$\lambda_{it} = e^{v \cdot w_{it}} e^{\eta Y_t} \equiv \tilde{\lambda}_{it} e^{\eta Y_t} \tag{6.2}$$

从 Jacobsen(2006)提出的命题 4.8.4 的意义上来说，企业 i 的违约强度为：

$$\bar{\lambda}_{it} = E(\lambda_{it} \mid \mathcal{F}_t) = e^{v \cdot W_{it}} E(e^{\eta Y_t} \mid \mathcal{F}_t)$$

通常情况下，由"常用公式"：

$$E\left(e^{-\int_t^T \bar{\lambda}_{is} ds} \mid \mathcal{F}_t\right)$$

所给出的生存到未来某一时刻 T（忽略并购和其他退出方式的影

响)的条件概率是不正确的。

相反,对于任一已经生存到时刻 t 的企业,运用期望迭代法则和 G_t 条件生存概率 $E\left(e^{-\int_t^T \lambda_{is} ds} \mid G_t\right)$ 可以得出,其生存到时刻 T(再次忽略其他退出方式的影响)的生存概率为:

$$P(\tau_i > T \mid F_t) = E[P(\tau_i > T \mid G_t) \mid F_t] = E\left(e^{-\int_t^T \lambda_{is} ds} \mid F_t\right)$$

$$(6.3)$$

将(6.3)式进行扩展得出,现有生存企业生存至未来某一时刻 T(忽略其他退出)的任一子集 A 的联合生存 F_t-条件概率为:

$$E\left(e^{-\int_t^T \sum_{i \in A} \lambda_{is} ds} \mid F_t\right)$$

我们允许对第 3 章所描述的其他退出方式进行截尾。

为了进一步简化表示法,令 $W = (W_1, W_2, \cdots, W_m)$ 表示所有公司的可观测协变量过程向量,这些公司的时间序列行为由参数向量 γ 决定。令 $D = (D_1, D_2, \cdots, D_m)$ 表示所有公司的违约示性向量,即 $D_{it} = 1_{\{\tau_i \leqslant t\}}$。在完全信息滤($G_t$)已知的情况下,双随机特性和命题 3(第 3 章)表明,在参数 (γ, β) 处数据的似然函数形式为:

$$\mathcal{L}(\gamma, \beta \mid W, Y, D)$$
$$= \mathcal{L}(\gamma \mid W)\mathcal{L}(\beta \mid W, Y, D)$$
$$= \mathcal{L}(\gamma \mid W) \prod_{i=1}^m \left[e^{-\sum_{t=t_i}^{T_i} \lambda_{it} \Delta t} \prod_{t=t_i}^{T_i} [D_{it}\lambda_{it}\Delta t + (1 - D_{it})] \right] \quad (6.4)$$

为简化起见,我们假定脆弱过程 Y 独立于可观测协变量过程 W。因此,在考虑信息滤(F_t)的情况下,似然函数为:

$$\mathcal{L}(\boldsymbol{\gamma},\boldsymbol{\beta}\mid \boldsymbol{W},\boldsymbol{D})=\int\mathcal{L}(\boldsymbol{\gamma},\boldsymbol{\beta}\mid \boldsymbol{W},y,\boldsymbol{D})p_Y(y)\mathrm{d}y$$

$$=\mathcal{L}(\boldsymbol{\gamma}\mid \boldsymbol{W})\int\mathcal{L}(\boldsymbol{\beta}\mid \boldsymbol{W},y,\boldsymbol{D})p_Y(y)\mathrm{d}y$$

$$=\mathcal{L}(\boldsymbol{\gamma}\mid \boldsymbol{W})E\left[\prod_{i=1}^{m}\left(\mathrm{e}^{-\sum_{t=t_i}^{T_i}\lambda_{it}\Delta t}\prod_{t=t_i}^{T_i}\left[D_{it}\lambda_{it}\Delta t+(1-D_{it})\right]\right)\middle| \boldsymbol{W},\boldsymbol{D}\right]$$

$$(6.5)$$

其中，$p_Y(\cdot)$ 是不可观测脆弱过程 Y 的非条件概率密度，(6.5)式最终的期望值就是与该密度①相关的。

对第 3 章的命题 3 进行扩展，我们可以将该 MLE 问题分解为分别对 $\boldsymbol{\gamma}$ 和 $\boldsymbol{\beta}$ 的极大似然估计，即对(6.5)式右侧的第一个和第二个因子分别进行最大化。

为了评估(6.5)式中的期望值，我们可以模拟脆弱过程 Y 的样本路径。由于我们的协变量数据是 1979—2004 年的月度观测值，因此，我们需要运用高维空间蒙特卡罗积分法来直接模拟评估(6.5)式。这是假定叠加搜索参数的情况下，通过蒙特卡罗暴力算法进行的极端数值型集中。现在我们来讨论可被估计的模型。

假设 Y 是一个奥恩斯坦—乌伦贝克(OU)过程，因为：

$$\mathrm{d}Y_t=-kY_t\mathrm{d}t+\mathrm{d}B_t,\ Y_0=0 \tag{6.6}$$

其中，B 是一个关于 $\left(\Omega,\mathcal{F},P,(\mathcal{G}_t)\right)$ 的标准布朗运动，k 是一个非负常数，均值回复率为 Y。通过(6.1)式来决定违约强度对 Y_t 依赖程度的参数 η 的缩减作用，与模型中脆弱过程 Y 的作用相同，所以为了不失一般性，我们将布朗运动的波动参数给定为统一的。

① 当公司 i 在区间 $(t_{i-1},t_i]$ 违约时，尽管在参数估计中通过用 Δt 代替 τ_i-t_{i-1} 的方法考虑了精确的违约时间，但为了简化表达式，(6.5)式忽略了精确的月内违约时间。

虽然 OU 过程是一个合理的脆弱过程初始模型,但我们应该构建一个更丰富的模型。然而我们发现,即使再大的数据库也无法对脆弱过程的许多时间序列性质进行识别。出于同样的原因,我们并没有尝试去界定具体部门的脆弱性影响。

由于 OU 过程的初始值和长期均值的任何一个变化(相同幅度),都会被包含到违约强度截距系数 v_1 中,因此,这两个参数被看作为零。然而,在初始条件下将 Y 看作是确定的并使其等于长期均值这一做法,也使我们的方法失去了某些普遍性。另一种方法是添加一个或多个其他参数来详细说明 Y 的初始概率分布。我们发现,对于样本初始日期之后的一年或两年的某一时刻 t,与假定的初始分布 Y 相比,后验分布 Y_t 是稳健的。

这可能是因为大部分企业违约风险的差异源自于不可观测的异质性。由于企业 i 的完全信息(G_t)的违约密度为:

$$\lambda_{it} = Z_i e^{v \cdot W_{it}} e^{\eta Y_t} \tag{6.7}$$

其中,$Z_1, Z_2, \cdots, Z_m$ 是独立同伽玛分布[①]的随机变量,它们共同独立于可观测协变量 W 和共同的脆弱过程 Y。附录 F 在介绍了企业 i 特有的异质性之后,对模型进行了扩展和估计。

在不失一般性的前提下,给定异质性因素 Z_i 的均值为 1,我们发现,在有限的数据库中,极大似然估计并没有将 Z_i 的方差固定到任何一个合理的精确数值上。假定已知大量可观测异质性,而且平均而言,违约发生的可能性较小,那么,我们希望利用更大的数据库来进行估计。最后,通过将 Z_i 的标准差固定为 0.5,我们考察不可观测异质性对违约风险的潜在作用。(6.5)式再次给出了

---

① Pickles 和 Crouchery(1995)的模拟研究表明,对于脆弱变量的分布做出具体的参数化假设是相对安全的。无论脆弱分布是否是被当做为伽玛分布、对数正态分布或其他参数族分布加以模型化处理,推断都是一致的,但是为了分析的易操作性,我们选择了伽玛分布。

该似然函数。

6.2 参数估计

现在我们转而讨论数据的推断问题。在第 4 章和附录 A，我们对参数向量 $\boldsymbol{\gamma}$ 进行了详细的说明和估计，$\boldsymbol{\gamma}$ 决定着可观测协变量 $\boldsymbol{W}$ 的时间序列模型，该模型是一个高斯向量自回归模型，为了简约和易操作，我们对模型做出了一些结构性限制。本小节集中讨论违约强度模型参数向量 $\boldsymbol{\beta}$ 的估计问题。

我们采用 Demptser、Laird 和 Rubin(1977) 提出的期望最大化(EM)算法的一种变体来进行运算，这是涉及遗漏数据或不完整数据时，对模型参数极大似然估计量进行运算的一种迭代方法[①]。

用我们所说的 EM 算法的变体对密度参数向量 $\boldsymbol{\beta}$ 进行极大似然估计的步骤如下：

(1) 在 $\boldsymbol{\beta} = (v, \eta, k)$ 处初始化估计值 $\boldsymbol{\beta}^{(0)} = (\hat{v}, 0.05, 0)$，其中 $\hat{v}$ 是无脆弱性模型中 v 的极大似然估计量，我们可以采用标准方法如牛顿—拉夫逊算法对似然函数(6.4)进行最大化来获得 v。

(2) (E 步)分别给定现有参数估计 $\boldsymbol{\beta}^{(k)}$、可观测协变量 $\boldsymbol{W}$ 和违约数据 $\boldsymbol{D}$，运用附录 D 所介绍的 Gibbs 抽样法，从隐藏的奥恩斯坦—乌伦贝克脆弱过程 Y 的条件密度函数 $p_Y(\cdot \mid \boldsymbol{W}, \boldsymbol{D}, \boldsymbol{\beta}^{(k)})$ 中，

---

① 也可参看 Cappé、Moulines 和 Rydén(2005)，他们讨论了隐藏马尔可夫模型背景下的 EM 算法。在很多潜在应用中，可能无法显示算法的"E 步"中所要求计算的条件期望，然而，可以通过蒙特卡罗积分法近似地计算期望值，这就产生了随机 EM 算法，例如 Celeux 和 Diebolt(1986)以及 Nielsen(2000)所阐述的，或者产生了蒙特卡罗 EM 算法(Wei and Tanner, 1990)。

绘制 n 个独立样本路径 $Y^{(1)}$, $Y^{(2)}$, $\cdots$, $Y^{(n)}$。令:

$$Q(\boldsymbol{\beta}, \boldsymbol{\beta}^{(k)}) = E_{\boldsymbol{\beta}^{(k)}}\left(\ln \mathcal{L}(\boldsymbol{\beta} \mid \boldsymbol{W}, \boldsymbol{Y}, \boldsymbol{D})\right)$$

$$= \int \ln \mathcal{L}(\boldsymbol{\beta} \mid \boldsymbol{W}, y, \boldsymbol{D}) p_Y(y \mid \boldsymbol{W}, \boldsymbol{D}, \boldsymbol{\beta}^{(k)}) \mathrm{d}y$$

其中,$E_{\boldsymbol{\beta}}$ 是与特殊参数向量 $\boldsymbol{\beta}$ 相关的概率测度的期望值。在 EM 的相关文献中,这一期望值通常被称为"完整数据对数似然函数的期望"或"中间量",它近似于由 Gibbs 抽样生成的样本路径:

$$\hat{Q}(\boldsymbol{\beta}, \boldsymbol{\beta}^{(k)}) = \frac{1}{n} \sum_{j=1}^{n} \ln \mathcal{L}(\boldsymbol{\beta} \mid \boldsymbol{W}, \boldsymbol{Y}^{(j)}, \boldsymbol{D}) \qquad (6.8)$$

(3)(M 步)将与参数向量 $\boldsymbol{\beta}$ 相关的 $\hat{Q}(\boldsymbol{\beta}, \boldsymbol{\beta}^{(k)})$ 最大化,例如通过运用牛顿—拉夫逊法进行最大化求解。$\boldsymbol{\beta}$ 的最大化解就是新的参数估计量 $\boldsymbol{\beta}^{(k+1)}$。

(4)用 $k+1$ 代替 k,并返回步骤(2),重复进行 E 步和 M 步,直到得到合理的数值收敛为止。

可以证明[①],$\mathcal{L}(\boldsymbol{\gamma}, \boldsymbol{\beta}^{(k+1)} \mid \boldsymbol{W}, \boldsymbol{D}) \geqslant \mathcal{L}(\boldsymbol{\gamma}, \boldsymbol{\beta}^{(k)} \mid \boldsymbol{W}, \boldsymbol{D})$,也就是说,在 EM 算法的每个步骤中,可观测数据的似然函数(6.5)式都是非递减的。因此,在正则条件下,参数序列 $\{\boldsymbol{\beta}^{(k)}: k \geqslant 0\}$ 至少收敛为一个局部最大值[Wu(1983)根据似然函数平稳点的方式给出了计算这个收敛的具体公式]。Nielsen(2000)给出了总体收敛和参数估计渐近正态性的充分条件,但这些条件在实践中通常难以实现。如同许多最大化算法一样,对遗漏总体最大值的风险进行缓释的一个简单方法,就是在整个参数空间的许多点上开始进行迭代。

---

① 参看 Demptser、Laird 和 Rubin(1977),或 Gelman、Carlin、Stern 和 Rubin (2004)。

在正则条件下，Fisher 和路易斯恒等式[如 Cappé、Moulines 和 Rydén(2005)的命题 10.1.6]隐含着雅可比矩阵：

$$\nabla_{\boldsymbol{\beta}}\mathcal{L}(\hat{\boldsymbol{\beta}}\mid \boldsymbol{W},\boldsymbol{Y},\boldsymbol{D})=\nabla_{\boldsymbol{\beta}}Q(\boldsymbol{\beta},\hat{\boldsymbol{\beta}})\mid_{\boldsymbol{\beta}=\hat{\boldsymbol{\beta}}}$$

和海森矩阵：

$$\nabla_{\boldsymbol{\beta}}^2\mathcal{L}(\hat{\boldsymbol{\beta}}\mid \boldsymbol{W},\boldsymbol{Y},\boldsymbol{D})=\nabla_{\boldsymbol{\beta}}^2 Q(\boldsymbol{\beta},\hat{\boldsymbol{\beta}})\mid_{\boldsymbol{\beta}=\hat{\boldsymbol{\beta}}}$$

因此，可以利用(6.8)式完整数据似然函数期望值的海森矩阵来估计 MLE 参数估计量的渐近标准误。

附录 F 介绍了一种包含不可观测异质性的通用算法。

在下一章，我们介绍产生脆弱性过程后验概率分布所需要的计算方法，这些方法是建立在标准方法之上的，是在非高斯状态空间模型中进行过滤和平滑，被 Baum、Petrie、Soules 和 Weiss (1970)称为前向—后向算法。为此，令 $R(t)=\{i:D_{i,t}=0,t_i\leqslant t\leqslant T_i\}$ 表示在 t 时刻生存的企业，$\Delta R(t)=\{i\in R(t-1):D_{it}=1,t_i\leqslant t\leqslant T_i\}$ 表示在 t 时刻违约的企业。在 t 时刻可观测的生存企业和违约企业的完全信息似然函数的离散时间近似为：

$$\mathcal{L}_t(\boldsymbol{\beta}\mid \boldsymbol{W},\boldsymbol{Y},\boldsymbol{D})=\mathcal{L}_t(\boldsymbol{\beta}\mid \boldsymbol{W}_t,\boldsymbol{Y}_t,\boldsymbol{D}_t)=\prod_{i\in R(t)}e^{-\lambda_{it}\Delta t}\prod_{i\in \Delta R(t)}\lambda_{it}\Delta t$$

如果没有脆弱性过程的均值回复(也就是说，$k=0$)，那么，标准的前向—后向算法允许通过递归方法，计算潜在的奥恩斯坦—乌伦贝克脆弱变量的滤波密度：

$$c_t=\iint p(y_{t-1}\mid \mathcal{F}_{t-1})\phi(y_t-y_{t-1})\mathcal{L}_t(\boldsymbol{\beta}\mid \boldsymbol{W}_t,y_t,\boldsymbol{D}_t)\mathrm{d}y_{t-1}\mathrm{d}y_t$$

$$p(y_t\mid \mathcal{F}_t)=\frac{1}{c_t}\int p(y_{t-1}\mid \mathcal{F}_{t-1})p(y_t\mid y_{t-1},\boldsymbol{\beta})\mathcal{L}_t(\boldsymbol{\beta}\mid \boldsymbol{W}_t,y_t,\boldsymbol{D}_t)\mathrm{d}y_{t-1}$$

其中，$\phi(\cdot)$ 是标准正态分布密度，$p(\boldsymbol{Y}_t\mid \boldsymbol{Y}_{t-1},\boldsymbol{\beta})$ 是(6.6)式 OU 过程的一步转移密度。为了进行这一递归，我们从 Y_0 分布(狄拉

克测度)集中于 0 时开始计算。对于非零的 k，我们对这种算法进行了适度的改良。

一旦得到滤波密度 $p(y_t \mid \mathcal{F}_t)$，就可以使用标准化后向递归方法［如 Rabiner(1989) 中的论述一样］来计算边际平滑密度 $p(y_t \mid \mathcal{F}_T)$。具体而言，对于 $t = T-1, T-2, \cdots, 1$，我们从 $\bar{\alpha}_{T|T}(y_t) = 1$ 处开始对边缘密度进行递归：

$$\bar{\alpha}_{t|T}(y_t)$$

$$= \frac{1}{c_{t+1}} \int p(y_t \mid y_{t-1}, \boldsymbol{\beta}) \mathcal{L}_{t+1}(\boldsymbol{\beta} \mid W_{t+1}, y_{t+1}, D_{t+1}) \bar{\alpha}_{t+1|T}(y_{t+1}) \mathrm{d}y_{t+1}$$

$$p(y_t \mid \mathcal{F}_T)$$

$$= p(y_t \mid F_t) \bar{\alpha}_{t|T}(y_t)$$

为了得到潜在脆弱变量的联合后验分布 $p\big((y_0, y_1, y_2, \cdots, y_T)' \mid \mathcal{F}_T \big)$，可以利用如附录 D 所介绍的 Gibbs 抽样法来进行计算。

7

脆弱性的实证研究[①]

本章是在 Duffie、Eckner、Horel 和 Saita(2009)的研究基础上,对第 6 章介绍的相关违约风险的脆弱模型进行实证研究。同时也比较了模型适配性与可替代的规则,主要是为了解决模型基本规范的稳健性问题。

我们的主要目标是测度代表美国企业违约的脆弱性程度,然后检验其实证意义,特别是对公司债务组合大型整体损失风险的意义,我们发现了持续不可观测协变量的强有力证据。例如,即使在控制了通常怀疑的协变量之后,包括企业特有协变量和宏观经济协变量,我们发现,在一段时间内,如 1986—1991 年,实际违约次数持续高于预期违约次数,但持续低于其他时期,如 20 世纪 90 年代中期。在 1979—2005 年间,经济萧条时期脆弱性对美国公司平均违约率的影响大约为经济繁荣时期的 3 倍。这与时间固定效应(时间虚拟变量,或基线风险函数)的影响完全不同,这是因为通过转移概率作用于不可观测协变量的时间序列规则的存在以及企

① 本章基于 Duffie, D., A. Eckner, G. Horel and L. Saita, 2009, "Frailty Correlated Default", *Journal of Finance*(64): 2089—2123。

业所共同面临的不确定性脆弱变量对组合损失风险的影响。确定性时间效应消除了两种重要的潜在违约相关性,即现有时间效应水平的不确定性及其未来演变过程中的不确定性。

在模型中加入不可观测协变量的做法,会改变不同可观测协变量的相对权重,从而也会对单个发行人的相关违约概率产生影响,但由于第 4 章介绍的经波动性调整的杠杆工具——"违约距离"——发挥着决定性的作用,在我们的数据中,这一影响并不大。

第 7.1 节介绍了拟合模型。第 7.2 节在仅给定历史信息的条件下,描述了任一时点上脆弱变量的后验特征。第 7.3 节阐述了脆弱性对估计某一给定企业违约概率期限结构的影响。第 7.4 节和第 7.5 节分析了脆弱变量对美国企业债务组合违约相关性和尾部风险的影响。第 7.6 节检验了模型的样本外违约预测性能,第 7.7 节为结论并提出了未来的研究方向。

附录 F、附录 G 和附录 H 分别检验了考虑到企业间违约强度的其他不可观测的变异因素、违约强度的非线性依赖,以及贝叶斯参数不确定性对模型结果的影响。

7.1　拟合的脆弱模型

现在我们来分析脆弱强度模型的拟合,采用第 6 章介绍的方法,利用第 4.1 节的美国非金融上市公司的数据进行估计。本节介绍了基本的估计结果。

表 7.1 给出了协变量参数 $\hat{v}$、脆弱参数 $\hat{\eta}$ 和 $\hat{k}$ 的估计值以及渐近标准误。除了 3 个月期国库券利率的系数小于无脆弱变量模型的系数外,其他系数的符号、大小和统计显著性与第 4 章介绍的

无脆弱变量模型的情况相同。附录 E 运用贝叶斯方法,比较了脆弱模型和无脆弱模型拟合程度的好坏。结果表明,脆弱模型的拟合程度更好。

表 7.1　强度模型参数的极大似然估计

	系数	标准差	t 统计量
常数项	−1.029	0.201	−5.1
违约距离	−1.201	0.037	−32.4
往期累计股票回报	−0.646	0.076	−8.6
3 个月期国库券利率	−0.255	0.033	−7.8
往期累计 S & P500 指数回报	1.556	0.300	5.2
潜在因素波动性 η	0.125	0.017	7.4
潜在因素均值回复率 k	0.018	0.004	4.8

注:表中显示了脆弱性波动是违约强度对 OU 脆弱性过程 **Y** 依赖程度的系数 η,在对数似然函数 $\boldsymbol{\beta} = \hat{\boldsymbol{\beta}}$ 时,运用完整数据期望值的海森矩阵,对估计的渐近标准误进行计算。回复均值和参数波动均以月为计算的基础。
资料来源:Duffie、Eckner、Horel 和 Saita(2009)。

我们的研究结果表明,企业特有协变量和宏观经济协变量都很重要。尽管违约距离作为一个非常显著的协变量不能自主决定违约强度,但它能够解释大部分企业间违约风险的跨期变化。例如,违约距离一个标准差的负面冲击,会使违约强度大约提高 $e^{1.2} − 1 \approx 230\%$。Shumway(2001)提出的上一年累计股票回报率协变量对违约强度具有非常显著的影响,也许它代表着违约距离未能捕获的企业特有信息。在传统显著性水平下,连接往期 S & P500 累计回报率与企业违约强度的系数是正的,这与一元分析结果的符号不同。当然,在多个协变量存在的情况下,系数的符号并不必然说明股票市场的繁荣意味着违约风险状况的恶化。它也可能是这种情况,即在股票市场繁荣之后,企业的违约距离高估了该企业的财务状况。

不可观测违约强度对脆弱变量 Y_t 依赖程度的估计值 $\hat{\eta} = 0.125$，意味着该脆弱效应的月度波幅为 12.5％，也相当于说年波幅为 43.3％，这在经济和统计上都是高度显著的。

7.2　脆弱过程滤波

我们可以利用 Gibbs 抽样法来计算脆弱变量 Y_t 的条件后验分布 F_T，其中 T 是样本的最后日期，这是在给定样本的最后时期内所有历史违约数据和协变量数据情况下，潜在因素的条件分布。图 7.1 给出了潜在脆弱因素的条件均值，这是从 Gibbs 抽样中抽取的 5 000 个 Y_t 样本的平均值，图中显示了在后验均值周围有一个标准差的带宽。从图中可以看到，脆弱性效应随时间的变化发生着非常大的波动。例如 2001 年，脆弱性对违约强度的乘数效应大约为 $e^{1.1}$，或者大约为 1995 年该效应的 3 倍。因为 1995 年和 2001 年的期望值 $e^{\eta Y(t)}$ 的詹森效应大体上是可比的，因此，用 $Y(t)$ 的后验均值代替 $E[e^{\eta Y_t} \mid F_t]$ 中的 $Y(t)$ 进行比较是可行的。

图 7.1 表明，在 1989—1991 年和 2001 年经济衰退期间，当违约比较普遍时，脆弱因子数值通常较大。鉴于此，人们可能会怀疑 (6.1) 式比例风险强度模型存在模型误设问题，如果真正的强度模型对违约距离的依赖程度高于比例模型，那么就会自动产生脆弱效应。如果真正的对数强度对违约距离变动的响应是凸的，那么，当违约距离远低于正常值时，如 1991 年和 2003 年，现有公式中潜在变量的估计值将会更大。附录 G 对该模型进行了扩展，包含了违约强度对违约距离的非参数依赖。结果表明，比例风险不可能是模型误设的主要因素。待估对数强度的反应与违约距离大致上

是线性关系,而且,待估后验脆弱分布的形状大致如图 7.1 所示。

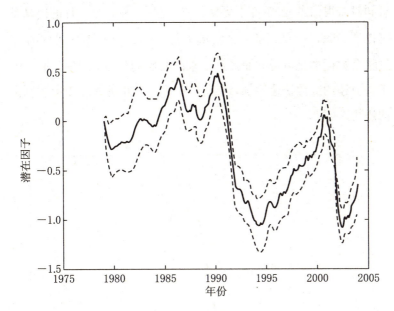

注:图中显示了具有基于 Y_t 的 $\mathcal{F}_T$ 条件方差一个标准差带宽的潜在奥恩斯坦—乌伦贝克脆弱变量的后验条件均值 $E\left[e^{\eta Y(t)} \mid \mathcal{F}_t\right]$。

资料来源:Duffie、Eckner、Horel 和 Saita(2009)。

图 7.1 脆弱性均值

附录 F 表明,考虑到不同企业不可观测的异质性后,关于不同协变量和脆弱性作用的一般性结论仍然保持不变。

图 7.1 说明了给定样本期间最后时刻 T 的可得信息 $\mathcal{F}_T$ 条件下脆弱变量 Y_t 的后验分布。在仅给定现有信息 $\mathcal{F}_t$ 的条件下,大部分违约风险模型都要求获取 Y_t 的后验分布,其中 $\mathcal{F}_t$ 是由公司债务组合风险池所测量的相关信息。

图 7.2 比较了在 $\mathcal{F}_T$ 条件下(实际上,违约次数和可观测变量的整个样本截至 2004 年)2000 年 1 月末 t 时刻的条件密度 Y_t 和仅在 $\mathcal{F}_t$ 条件下(可得数据截至并包括 2000 年 1 月)的密度 Y_t。假

定其他信息在 2004 年末可得,那么,$\mathcal{F}_T$ 的条件分布 Y_t 要比在仅可同时获得信息 $\mathcal{F}_t$ 条件下更为集中。假定 2000 年 1 月的信息是可得的,那么,Y_t 的后验均值要低于假定从 2000 年 1 月到 2004 年的整个数据都是可得的而计算出来的后验均值,这反映了在 2001 年企业违约次数快速增加,远远超过了仅从可观测协变量预测到的违约次数。

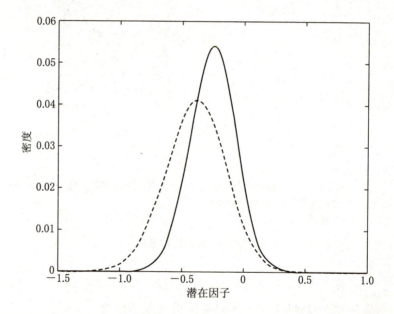

注:图中显示了给定 $\mathcal{F}_T$,也就是说,给定所有数据(实线)和仅给定 $\mathcal{F}_t$ 的同期可得数据(虚线)条件下,对于 2000 年 1 月的某一时刻 t,测量的脆弱性因子 ηY_t 的条件后验密度,这些密度是利用第 7.2 节介绍的前向—后向递归法计算得到的。

资料来源:Duffie、Eckner、Horel 和 Saita(2009)。

图 7.2 后验脆弱性密度

图 7.3 显示了脆弱性过程同期条件均值 $E(\eta Y_t \mid \mathcal{F}_t)$ 随时间变化的运动轨迹。

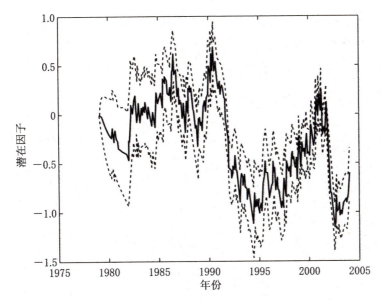

注:图中显示了仅给定同期可得数据（F_t），测量的脆弱性变量的条件均值 $E(\eta Y_t \mid F_t)$ 和一个标准差的条件带宽。

资料来源:Duffie、Eckner、Horel 和 Saita(2009)。

图 7.3　同期脆弱性均值

7.3　违约风险的期限结构

接下来,我们讨论从违约风险率的角度来看,目前的活跃企业 i 在时刻 t 的条件违约概率期限结构的脆弱性含义。正如第 2 章所介绍的,条件风险率是指给定 F_t 和生存到时刻 u 这一事件的条件下,企业在时刻 u 的条件期望违约率。

我们来做一个案例研究。考虑 Xerox 公司违约风险率期限结构的三种不同模型:(1)基本模型,该模型仅考虑可观测协变量;(2)含有潜在 OU 脆弱性变量的模型;(3)包含了共同的 OU 脆弱

变量以及不可观测异质性的模型。图 7.4 显示了给定 2003 年 12
月可得信息的条件下，Xerox 公司违约风险率的相关期限结构。
该运算考虑了第 3 章所述的其他退出方式的影响。

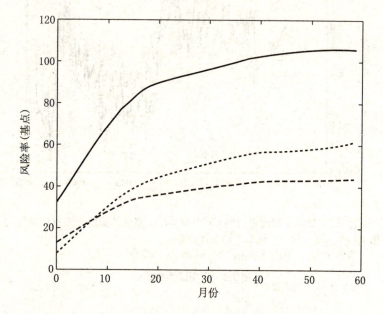

注：图中显示了 2003 年 12 月，包含了脆弱变量的模型（实线）、不包含脆
弱变量的模型（短虚线）以及同时包含脆弱变量和不可观测异质性模型（点虚
线）三种不同情况下，Xerox 公司的条件风险率期限结构。
资料来源：Duffie、Eckner、Horel 和 Saita（2009）。

图 7.4　Xerox 公司的违约风险期限结构

7.4　违约相关性

正如我们所解释过的，在无脆弱变量模型中，仅当隐含了决定
违约强度的可观测因素相关性时，企业间的违约时间才是相关的。

如果没有脆弱性变量,我们发现,模型所隐含的违约相关性要远远低于 de Servigny 和 Renault(2002)估计的样本违约相关性。第 5 章的结果证实了无脆弱变量模型所隐含的违约相关性被大大低估。正如在我们的模型中所体现的一样,对不可观测协变量的共同依赖是违约相关性的另一个来源。

对于给定一个基准日期 t 和到期日 $u>t$,且对于给定两个活跃企业 i 和企业 j,违约相关性是指 D_{iu} 和 D_{ju} 的 $\mathscr{F}_t$ 条件相关性,D_{iu} 和 D_{ju} 分别是企业 i 和企业 j 的违约指标。图 7.5 显示了潜在脆弱变量对数据库中两家企业违约相关性的影响。我们看到,潜在因子诱发了来自于其他方面的相关性,而且随着时间区间的增大,这种影响也随之变大。

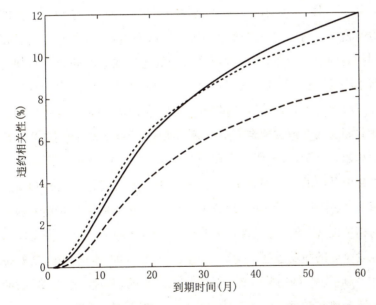

注:图中显示了包含共同脆弱变量的模型(实线)、无脆弱变量的模型(虚线),以及同时包含脆弱变量和不可观测异质性的模型(点虚线)三种情况下,ICO 股份有限公司和 Xerox 公司违约指标相关关系的期限结构。

资料来源:Duffie、Eckner、Horel 和 Saita(2009)。

图 7.5 Xerox 公司和 ICO 公司的违约相关性

7.5 组合损失风险

在我们的研究中,承认存在一个共同的脆弱变量,这增加了以时间聚类的潜在违约。为了说明共同脆弱效应在违约聚类中的作用,我们考虑一个假设组合的总违约分布情况,该组合包括了数据库中所有的 1 813 家企业,截至 1998 年 1 月,这些企业都是活跃的。在 1998 年 1 月的时刻 t,在信息 $\mathcal{F}_t$ 是可得的条件下,我们计算随后 5 年内,即从 1998 年 1 月到 2002 年 12 月总违约次数的后验分布。图 7.6 显示了三种不同模型得出的该组合违约总次数的概率密度。对于每一家企业的违约次数而言,这三种模型具有相同的后验边缘分布,但三种模型得到的违约次数的联合分布却有所不同,这取决于共同的脆弱过程 Y 如何取代一家企业特有的脆弱过程 Y_i,其中 Y_i 与 Y 具有相同的后验概率分布。模型(1)是包含共同脆弱变量的拟合模型,也就是说,$Y_i = Y$。对于模型(2),Y_i 的初始条件 Y_{it} 对于所有企业都是一样的,但 Y_i 未来的运动轨迹不是由共同的 OU 过程 Y 决定,而是由企业间互相独立的 OU 过程 Y_i 决定的。因此,模型(2)捕获了与 Y_t 现有后验分布相关的违约相关性,但却没有包含未来共同的脆弱性冲击。对于模型(3),假设企业的脆弱过程 Y_1,Y_2,$\cdots$,Y_m 是独立的,也就是说,初始条件 Y_{it} 是从 Y_t 的后验分布中独立提取出来的,并且未来对 Y_i 的冲击就是那些对企业间相互独立的 OU 过程 Y_i 的冲击。

可以看到,脆弱效应对组合损失分布的影响,不仅受到 1998 年 1 月共同脆弱性水平 Y_t 的不确定性的影响,而且也受到未来共同脆弱性对不同企业冲击的影响。这两种违约相关性都超出了与可观测的宏观经济冲击敞口以及可观测的企业特有冲击敞口(尤其是杠杆的相关变化)相关的违约相关性。

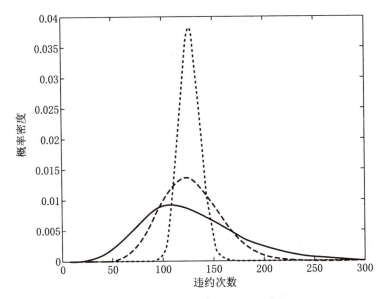

注：图中显示了给定 1998 年 1 月时刻 t 的 $\mathcal{F}_t$ 条件下，三种不同模型计算出的所有活跃企业的组合在 5 年内总违约次数的条件概率密度。模型(1)包含脆弱变量的拟合模型(实线)；模型(2)假设模型，在该模型中，共同的脆弱过程 Y 被初始条件在时刻 t 等于 Y_t 的企业特有脆弱过程所代替，但是，给所有企业带来脆弱性的共同布朗运动被逐个企业独立的布朗运动所代替(短虚线)；模型(3)假设模型，在该模型中，共同的脆弱过程 Y 被具有与 Y 相同的后验概率分布的逐个企业独立的脆弱过程所替代(点虚线)。该密度的估计可以通过将高斯核平滑(带宽等于 5)应用于一个可以生成经验分布的蒙特卡罗来进行。
资料来源：Duffie、Eckner、Horel 和 Saita(2009)。

图7.6 组合的未来违约风险

从图 7.6 中可以看到，两个不包含共同脆弱性变量的假设模型，对 1998 年 1 月到 2002 年 12 月期间违约次数超过 200 次的事件最终都没有分配概率。包含完全独立脆弱性变量的模型(3)，其 95 分位和 99 分位上的违约次数分别为 144 次和 150 次。模型(2)包含了在 1998 年 1 月具有相同初始值的脆弱变量，其 95 分位和

99 分位上的违约次数分别为 180 次和 204 次。数据库中这一时期的实际违约次数为 195 次。

包含共同脆弱变量的待估模型(1),其损失分布 95 分位和 99 分位的违约次数分别为 216 次和 265 次。这一时期真正的违约次数为 195 次,稍低于拟合脆弱模型损失分布 91 分位上的违约次数,因而成为一个较为极端的事件。另一方面,如果将后视偏差考虑在内,由于我们的分析部分受到 2001 年和 2002 年较高的违约次数的影响,因此,从脆弱模型的角度来看,195 次违约也许仅仅被看作是中等程度的违约现象。

7.6 样本外精度

本节研究包含脆弱变量的模型和无脆弱变量模型的样本外绩效。

首先,回顾我们所构建的模型的样本外能力,按照不同时间维度上所估计的违约可能性的大小对企业进行分类。实现这一目标的传统工具是"功效曲线"和相关的"精度比"。给定未来某一时期以及特定的预测模型,样本外违约预测的功效曲线就是函数 f,该函数将[0, 1]中的任一 x 与在此之前已经违约的企业函数 $f(x)$ 相匹配,这些企业在模型中属于最低级。例如,图 7.7 所示的无脆弱变量模型所估计的一年期的功效曲线表明,根据估计的一年期的违约概率,样本中"最差"的 20% 的企业,实际上会有 92% 的企业在随后的一年内违约,这是从 1993 年到 2004 年违约的平均值。因为用于违约概率估计的模型是从 1980 年到 1992 年末的数据中得到的,因此,以上结论都是根据样本外数据得到的。

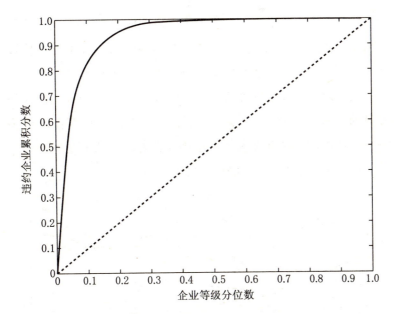

注:图中显示了无脆弱效应模型在 1993 年 1 月至 2003 年 12 月期间,一年期违约预测的平均样本外功效曲线。曲线表明,对于横轴上的每一个 x,平均在样本期间一年内违约的企业,是那些按照估计的违约概率大小排序,在年初等级最低的企业。

资料来源:Duffie、Saita 和 Wang(2007)。

图 7.7 样本外功效曲线

与给定功效曲线相关的精度比[1]是指功效曲线与 45 度线之间面积的两倍。因此,一个随机分类模型的预期精度比近似为 0。一个"水晶球"(一个完美的分类)的精度比是 100% 减去违约企业的事后估计总分数。这一精度比是比较不同模型违约预测准确性的行业标准。

---

[1] 功效曲线为 f 的模型"精度比"由下式定义:
$$2\int_0^1 \Big(f(x) - x \Big) \mathrm{d}x$$
密度 $x \mapsto r(x) = x$ 是一个完全的无信息模型的预期功效曲线,它对企业进行随机分类。

图 7.8 显示了在 1993 年后的密度模型样本期间内,利用脆弱效应和无脆弱效应估计出来的一年期精度比。当我们把估计 1993 年精度比的模型换作在每个预测期间初始时间外的一系列精度比估计模型时,这些精度比本质上是不变的。由我们的模型预测的 1993—2003 年间提前一年的样本外违约精度比均值为 88%。然而,预测并购的样本外准确性表明,不存在根据被并购的可能性而对企业进行区分的样本功效。

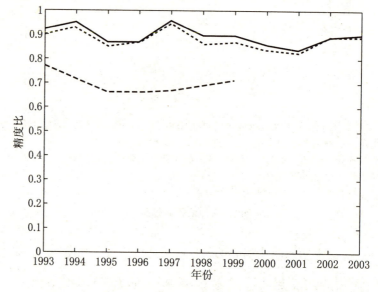

注:图中显示了根据 1992 年 12 月之前的数据所估计的模型的样本外精度比(ARs)。实线表示无脆弱变量模型提前一年的 ARs,短虚线表示包含脆弱变量的模型提前一年的 ARs,点虚线表示包含脆弱变量的模型提前 5 年的 ARs。

资料来源:Duffie、Eckner、Horel 和 Saita(2009)。

图 7.8 精度比

正如 Duffie、Saita 和 Wang(2007)所讨论的,我们所构建的无脆弱变量模型的精度比是对已有文献其他模型的改进。然而,从图 7.8 中看到,精度比本质上不受脆弱性的影响,这也许是因为违约距离协变量发挥着主导作用,我们通常倾向于按照违约距离的大小划分企业等级,当然违约距离的大小并不依赖于强度模型。精度比用来衡量序数(评级)质量,否则无法捕获一个模型估计违约概率的样本外能力的大小。

下面,我们讨论包含脆弱变量的模型和无脆弱变量模型的整体组合违约的样本外行为。确切地说,在 1980—2003 年的每年年初,计算数据库中的企业在接下来的十二个月内违约次数的分布,然后,判定与该分布相关的实际违约次数的分位数。对于一个正确的模型来说,分位数均匀地分布在[0,1]上。

图 7.9 显示了包含脆弱变量的模型和无脆弱变量模型所估计的这些分位数。无脆弱变量模型的分位数似乎聚集在 0 和 1 附近,

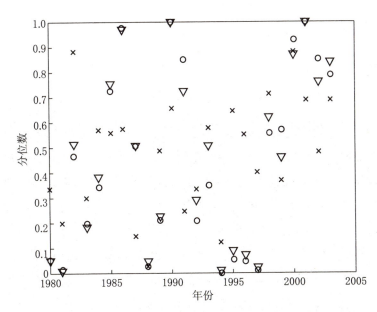

注·图中显示了包含脆弱变量的模型("×"形)和无脆弱变量模型("○"形)预测的一年期组合损失分布实际违约次数的分位数。

资料来源:Duffie、Eckner、Horel 和 Saita(2009)。

图 7.9 违约分位数

这表明无脆弱变量模型往往低估或多或少的违约次数的概率。例如,1994 年实际的违约次数位于预测的组合违约分布的 0.5 百分位之下,然而 1990 年和 2001 年实际的违约次数位于预测的组合违约分布的 99.9 百分位之上。另一方面,包含脆弱变量的模型分位数在单位区间中的分布更为均匀,这表明对组合信用风险的评估更为准确。

无脆弱变量模型的预测误差往往随时间而序列相关。这种设定偏误在 1994—1997 年和 2000—2003 年两个期间内最为典型。对于无脆弱变量模型而言,在 1% 显著性水平上拒绝分位数非序列相关的零假设。另一方面,对于 p 值为 0.64 的包含脆弱变量的模型,不能拒绝分位数非序列相关的零假设。

7.7 结语

我们的研究结果表明,在控制了合理的可观测协变量后,美国企业面临一个共同的不可观测违约风险,这增加了违约相关性和极端组合损失风险,且超出了被用来拟合模型的共同可观测的和相关的宏观经济违约风险和企业特有的违约风险。在时变潜在脆弱因子和不可观测异质性同时存在的情况下,我们对公司违约强度模型进行了估计。上一章介绍了一种拟合模型参数的方法,即将蒙特卡罗 EM 算法与 Gibbs 抽样法相结合,这种方法也给出了奥恩斯坦—乌伦贝克脆弱过程的条件后验分布。

将这一模型应用于 1979 年 1 月到 2004 年 3 月美国企业的数据中我们发现,公司违约率随时间变动的幅度远远超出了仅包含可观测协变量的模型所能解释的水平。特别地,脆弱变量的后验分布表明,1989—1990 年和 2001—2002 年间公司期望违约率远远高于无脆弱变量模型估计的水平,而在 20 世纪 90 年代中期和 2003—2004 年间,却远远低于这一水平。对 1980—2003 年期间的样本外检验表明,无脆弱变量模型明显低估了公司信贷组合或高或低的违约损失概率,而包含脆弱变量的模型对组合信用风险水平的评估更为准确。

我们估计,脆弱变量代表了违约强度的一个共同的不可观测因子,其年波动幅度大约为 45%。该脆弱因子的月度均值回复率为1.8%,这表明,当违约按照时间聚类的程度超过了由可观测违约风险因子估计的范围时,这一不可观测因子影响的半衰期大约为 3 年。然而不幸的是,我们很难用现有数据确定均值回复率,正如附录 H 介绍的脆弱性均值回复参数的贝叶斯后验密度一样。

协变量选择方面的改进将降低脆弱性的相对重要性。Lando 和 Nielsen(2009)已经在这方面提供了一些指引。尽管如此,在应用中考虑隐藏的或不可观测的违约相关性看起来很重要,因为在实际应用中需要估计大量违约的可能性。

我们的方法可以应用到其他情况,在这些情况下,一个共同的不可观测因子被怀疑在特定事件时变过程中发挥着重要的作用,如收购和合并、按揭预付款和违约,或杠杆收购。

时间序列参数的估计

本附录对第 4 章的时间序列模型协变量进行了估计,该估计来自 Duffie、Saita 和 Wang(2007)。

二因素利率参数的极大似然参数估计值如下,下括号中的数值为标准差:

$$\boldsymbol{k}_r = \begin{bmatrix} 0.03_{(0.026)} & -0.021_{(0.030)} \\ -0.027_{(0.012)} & 0.034_{(0.014)} \end{bmatrix}$$

$$\boldsymbol{\theta}_r = \begin{bmatrix} 3.59_{(4.08)} \\ 5.47_{(3.59)} \end{bmatrix}$$

$$\boldsymbol{C}_r = \begin{bmatrix} 0.563\,9_{(0.035)} & 0 \\ 0.224\,7_{(0.026)} & 0.282\,1_{(0.008)} \end{bmatrix}$$

其中,θ_r 以百分点的形式进行测度。

对于所有在 $\{1, 2, \cdots, n\}$ 中的企业 i,(4.4)式、(4.5)式和(4.6)式的联合极大似然估计给出了参数估计值(下括号中的数值为标准差):

$$\boldsymbol{b} = (0.009\,0_{(0.002\,1)} \quad -0.012\,1_{(0.002\,4)})'$$

$$k_D = 0.035\,5_{(0.000\,3)}$$

$$\sigma_D = 0.346_{(0.000\,8)}$$

$$k_v = 0.015_{(0.000\,2)}$$

$$\sigma_v = 0.116\,9_{(0.000\,2)}$$

$$\boldsymbol{AA}' + \boldsymbol{BB}' = \begin{pmatrix} 1 & 0.448_{(0.002\,3)} \\ 0.448_{(0.002\,3)} & 1 \end{pmatrix}$$

$$\boldsymbol{BB}' = \begin{pmatrix} 0.048\,8_{(0.003\,8)} & 0.033\,8_{(0.003\,2)} \\ 0.033\,8_{(0.003\,2)} & 0.041\,7_{(0.003\,3)} \end{pmatrix}$$

$$k_S = 0.113\,7_{(0.018)}$$

$$\alpha_S = 0.047_{(0.001\,9)}$$

$$\theta_S = 0.107\,6_{(0.008\,5)}$$

$$\boldsymbol{\gamma}_S = (0.036\,6_{(0.003\,2)} \quad 0.013\,4_{(0.002\,8)})'$$

图 A.1 显示了具有标准差的待估目标违约距离 $\hat{\theta}_{iD}$ 的横截面分布。

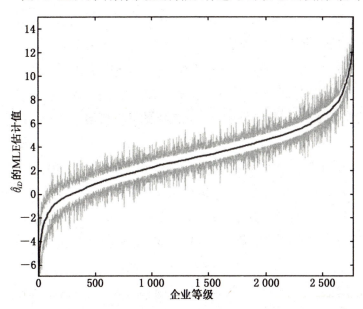

注：对于每一企业 i，图中显示了目标违约距离的极大似然估计值 $\hat{\theta}_{iD}$ 以及带有一个标准差带宽的渐近估计值（垂直绘制）。

资料来源：Duffie、Saita 和 Wang(2007)。

图 A.1　待估目标违约距离的横截面分布

附录 B

残余 Gaussian Copula 相关性

在本附录中,我们将对 Copula 进行定义,并对已应用于金融行业的 Copula 模型做一个简短的评判,同时,对"残余 Copula 模型"的经验拟合进行说明,该模型估计了在我们使用的上市公司违约数据中,有多少违约相关性未被第 4 章的违约强度所解释。

考虑违约时间 τ_1, τ_2, $\cdots$, τ_n,为简化起见,假设其累积分布函数(CDFs)F_1, F_2, $\cdots$, F_n 是连续的且严格递增,τ_1, τ_2, $\cdots$, τ_n 的 Copula 就是指(均匀分布的)随机变量 $F_1(\tau_1)$, $F_2(\tau_2)$, $\cdots$, $F_n(\tau_n)$ 的联合概率分布。如果存在联合高斯变量 X_1, X_2, $\cdots$, X_n,其 CDFs 为 G_1, G_2, $\cdots$, G_n,使 C 也成为 $G_1(X_1)$, $G_2(X_2)$, $\cdots$, $G_n(X_n)$ 的联合概率分布,那么我们就说 τ_1, τ_2, $\cdots$, τ_n 的 Copula 函数是高斯函数。尽管 Gaussian Copula 在违约时间的应用中并不总能实现,但其应用比较容易。例如,我们可以用 Copula 联合分布对违约时间进行模拟,首先模拟 X_1, X_2, $\cdots$, X_n,然后,令 $\tau_i = F_i^{-1}(G_i(X_i))$。在金融行业的实践中,通常采用 Gaussian Copula 模型来解决组合的违约风险问题。实际上,对于许多实际应用而言,假定违约时间 τ_1, τ_2, $\cdots$, τ_n 具有相同的 CDFs,且任

何一对潜在高斯变量间的相关性都与其他任何一对变量的相关性
相同,那么,这种单相关性参数被称为"单调 Gaussian Copula 相关
性"。对于大多数违约风险的应用而言,这种 Copula 函数无疑过
于简单。

抛开常用的 Copula 模型缺乏现实性这一缺点,假定能够获得
借款人的实时信息,如信用违约掉期的市场价格,由于对条件违约
风险运算体系缺乏掌握,我们难以利用 Copula 方法建立违约时间
模型。任何超出违约到达本身所揭示的辅助新信息在 Copula 定
义中都没有任何意义。

Salmon(2009)阐述了金融业对相关违约风险 Gaussian Copula
模型的依赖所产生的问题,这些问题导致了 2007—2009 年金融危
机的爆发。

Schönbucher 和 Schubert(2001)提出了一个模型,它可以增
强由双随机违约强度过程所引致的相关性效应,该强度过程中的
其他相关性通过 Copula 模型得以参数化。为了测度美国上市公
司数据中有多少违约相关性没有被第 4 章的违约强度过程所捕
获,Das、Duffie、Kapadia 和 Saita(2007)根据这些强度过程和相
关的可观测违约次数,对 Schönbucher 和 Schubert(2001)的强度
条件 Copula 模型进行了调整。确切地说,在强度条件下,他们估
计了与每一时间区间违约经验分布的上四分位矩相匹配的
Copula 相关性的大小。这种残余违约相关性的测度方法依赖于
具体的 Copula 模型。我们这里采用的是行业通行的单调(单参
数)Gaussian Copula 模型。调整后的 Gaussian Copula 相关性是
测度未被违约强度联合运动捕获的违约时间相关程度的一种方
法。这种"残余"Gaussian Copula 相关性通过下面的算法进行
估计。

(1) 给定一个特殊的相关性参数 r 和大小为 c 的累积强度

区间。

(2) 对于每一名称 i 和每一时间区间序号 k，我们计算 i 在这一时间区间内累积强度 $C_i^{i,k}$ 的增加值（除非 i 出现，否则强度一直保持为零；且当 i 消失之后，无论违约与否，累积强度都会停止增加）。

(3) 对于 5 000 个独立状况中的每一个 j，我们随机（同样可能性）地抽取一个时间区间，比如说 k，同时抽取联合标准正态分布 X_1，X_2，…，X_n，且 $corr(X_i$，$X_m)=r$，i 不等于 m。

(4) 对于每一个 i，令 $U_i=G(X_i)$，在 X_i 处对标准正态累积分布函数 $G(\cdot)$ 进行估值，如果 $U_i>\exp(-C_i^{i,k})$，在区间 k 中抽取 i 的"违约"事件。

(5) 如果模拟样本的相关上四分位均值近似于表 5.3 中的实际上四分位均值，那么，对于大小为 c 的区间，我们将相关性参数调整到最接近 0.01 的数值。

表 B.1 给出了估计结果。正如第 5 章各种检验所预测的，调整后的残余 Gaussian Copula 相关性 r 在所有时间区间中都是非负的，其取值范围为 0.01 到 0.04。最大估计值出现在大小为 10 的时间区间中；最小值出现在大小为 2 的时间区间中。

我们要参照 Akhavein、Kocagil 和 Neugebauer(2005)的观点来正确看待这些残余 Copula 相关性的估计量，他们通过将相关性调整为经验违约相关性（正如我们所做的，"移除"前与违约强度方差关联的相关性）[①]，对无条件 Gaussian Copula 相关性参数进行了估计，部门内的估计值约为 19.7%，跨部门的估计值约为 14.4%。尽管这只是一个粗略的比较，但却表明违约强度是大部

---

① 他们的估计是建立在 deServigny 和 Renault(2002)所提出的方法的基础之上的，Akhavein、Kocagil 和 Neugebauer(2005)给出了相关估计值。

分违约相关性的源头,但并不是所有的违约相关性都来自于违约
强度。

表 B.1　残余 Gaussian Copula 相关性

时间区间	上四分位均值(数据)	模拟的 Copula 相关性上四分位均值				
		$r = 0.00$	$r = 0.01$	$r = 0.02$	$r = 0.03$	$r = 0.04$
2	4.00	3.87	**4.01**	4.18	4.28	4.48
4	7.39	6.42	6.82	7.15	**7.35**	7.61
6	9.96	8.84	9.30	9.74	**10.13**	10.55
8	12.27	11.05	11.73	**12.29**	12.85	13.37
10	16.08	13.14	14.01	14.79	15.38	**16.05**

注:表中显示了运用违约时间条件强度的 Gaussian Copula 和潜在正态
变量相等的两两相关性 r,表中列出了每一时间区间违约次数经验分布上四
分位的蒙特卡罗均值。以黑体显示的相关性参数 r 代表的是最接近实际的
蒙特卡罗估计均值(在强度被正确测度的零假设下,残余 Gaussian Copula 的
理论 r 值约为 0)。

资料来源:Das、Duffie、Kapadia 和 Saita(2007)。

附录 C

强度设定偏误的其他检验

本附录给出了第 4 章估计的违约强度的其他检验结果。

C.1 独立增量检验

尽管第 5 章介绍的检验在一定程度上依赖于泊松过程的独立增量特征,但我们现在来对连续时间区间违约次数的系列相关性进行具体的检验。也就是说,在强度被正确估计的零假设下,给定每一时间区间的累积总违约强度 c,那么,连续时间区间的违约次数 N_1, N_2, $\cdots$, N_k 是独立同分布的。我们通过估计向量自回归模型:

$$N_k = A + BN_{k-1} + \epsilon_k \qquad (C.1)$$

的系数 A 和 B 以及独立同分布新息 ϵ_1, ϵ_2, $\cdots$ 来对独立性进行检验。在正确设定了违约强度和双随机特征的联合假设下,

$A = c$，$B = 0$，且 ϵ_1，ϵ_2，…是独立同分布的滞后泊松随机变量。拒绝零假设的依据是自回归系数 B 的估计值显著为正。这可以将不可观测(脆弱性)或可观测的但在待估强度模型中遗漏的协变量反映出来。例如，如果一个经济周期协变量应该被包括在模型中但实际上未被包括在内，并且如果这个遗漏的协变量具有时间持续性，那么，每一时间区间的违约都将比泊松分布的尾部要厚，而且每一时间区间的违约之间将具有正序列相关性。

表 C.1 给出了这一自相关的分析结果，对于等于和大于 4 的时间区间而言，待估自回归系数 B 是轻度显著的(t 统计量的范围为 2.37—3.43)。

表 C.1 过度违约自相关

时间区间	时间区间序号	$A(t_A)$	$B(t_B)$	R^2
2	230	2.091	0.019	0.000 4
		(0.506)	(0.286)	
4	116	2.961	0.304	0.094 7
		(−2.430)	(3.438)	
6	77	4.705	0.260	0.071 3
		(−1.689)	(2.384)	
8	58	5.634	0.338	0.119 5
		(−2.090)	(2.733)	
10	46	7.183	0.329	0.116 1
		(−1.810)	(2.376)	

注:表中显示了对于不同大小的时间区间(括号中标注了 t 统计量)，在连续时间区间中过度违约的自回归模型(C.1)的估计量。在违约强度被正确测度的假设下，给定每一时间区间的总累积违约强度 c，连续时间区间中的违约次数 N_1，N_2，…，N_k 是独立同分布的，参数 A 和参数 B 分别是模型(C.1)的截距项和自回归系数。

资料来源:Das、Duffie、Kapadia 和 Saita(2007)。

C.2 遗漏的宏观经济协变量

在已有研究中,Lo(1986),Lennox(1999),McDonald 和 Van de Gucht(1999),Duffie、Saita 和 Wang(2007)以及 Couderc 和 Renault(2004)指出,在违约预测中,宏观经济状况是一个重要的解释变量。我们现在对遗漏的宏观经济违约协变量的潜在作用作进一步分析。特别地,我们考察:(1)在控制了估计违约强度时使用的违约协变量之后,美国国内生产总值(GDP)或工业产值(IP)增长率是否有助于解释违约的发生,如果是的话,(2)这些遗漏的协变量是否可以解释第 5 章的模型检验为何拒绝原假设。我们发现,工业产值对此具有一定的解释力,但 GDP 增长率没有任何解释力。

在无误设的零假设下,固定时间区间大小为 c,在一个时间区间中超过均值的违约次数 $Y_k = N_k - c$ 是一个鞅的增量,因此,违约次数应该与第 k 个时间区间之前可得信息集的任何一个变量无关。考虑如下回归:

$$Y_k = \alpha + \beta_1 GDP_k + \beta_2 IP_k + \epsilon_k \qquad (C.2)$$

其中,GDP_k 和 IP_k 分别是美国国内生产总值季度增长率和月度工业产值,该增长率在第 k 个时间区间开始前结束。从理论上讲,在违约强度被正确设定的零假设下,系数 α、β_1 和 β_2 均为零。表 C.2 给出了一系列不同大小时间区间的回归估计结果。

表 C.2　宏观经济变量和违约强度

时间区间	时间区间序号	截距	GDP	IP	R^2(％)
2	230	0.28	−7.19		1.06
		(1.59)	(−1.43)		
		0.15		−41.96	1.93
		(1.21)		(−2.21)	
		0.27	−4.57	−35.70	2.31
		(0.17)	(−0.83)	(−1.68)	
4	116	0.46	−10.61		1.14
		(1.11)	(−0.91)		
		0.40		−109.28	5.49
		(1.60)		(−2.88)	
		0.53	−5.08	−103.27	5.73
		(1.41)	(−0.50)	(−2.51)	
6	77	1.12	−30.72		4.99
		(1.84)	(−2.12)		
		0.41		−155.09	7.55
		(−1.00)		(−1.89)	
		0.91	−18.09	−124.09	8.98
		(1.58)	(−1.18)	(−1.42)	
8	58	0.80	−19.64		1.81
		(0.85)	(−0.74)		
		1.35		−357.23	18.63
		(2.40)		(−3.65)	
		1.35	−0.08	−357.20	18.63
		(1.77)	(−0.00)	(−3.47)	
10	46	1.81	−49.00		5.89
		(1.57)	(−1.62)		
		0.45		−231.26	7.66
		(0.59)		(−2.07)	
		1.96	−41.45	−205.15	11.78
		(1.80)	(−1.38)	(−2.08)	

注:对于大小为 c 的每一个时间区间,我们报告了超过均值的违约次数 $Y_k = N_k − c$ 对于上一季度 GDP 增长率(年化)和上月(经季度调整的)工业产值(IP)的最小二乘回归系数。观测次数是大小为 c 的时间区间的数量。标准误是纠正了异方差之后的值;括号中报告的是 t 统计量;GDP 增长率为年化增长率;IP 增长率为非年化增长率。

资料来源:Das、Duffie、Kapadia 和 Saita(2007)。

我们分别报告了 GDP 和 IP 的多元回归结果。对所有的时间区间而言，GDP 增长率在统计上是不显著的，而且不可能成为残余违约相关性的解释因素。工业产值在回归中是充分显著的，这就使其成为违约强度模型的另一个解释变量。对于每一个时间区间而言，IP 系数的估计值都是负的，也就是说，在控制了其他协变量之后，如商业周期所预期的那样，当工业产值增长率低于正常水平时，违约次数远远高于强度模型所预测的次数。

当违约次数远远高于预期时，考察遗漏的宏观经济因素的作用也非常有用。表 C.3 给出了超过违约次数上四分位的情况（上四分位均值减去参数 c 的泊松分布上四分位均值，如前面表 III 所示）是否与 GDP 和 IP 增长率相关的检验结果。我们给出了两组回归结果：第一组是基于前一期的宏观经济变量回归；第二组是基于在时间区间内观测到的增长率回归。[①]

表 C.3 上尾回归

时间区间大小	K	截距	前一期季度 GDP	前一期月度 IP	R^2(%)
2	77	0.28	1.40		0.00
		(1.55)	(0.22)		
		0.36		−57.75	4.92
		(2.08)		(−2.46)	
		0.16	8.99	−76.80	6.94
		(1.04)	(1.04)	(−2.11)	
4	48	0.41	−6.19		0.97
		(1.24)	(−0.71)		
		0.29		−65.83	3.88
		(−1.26)		(−1.64)	
		0.29	−22.15	−65.26	3.88
		(0.79)	(−0.02)	(−1.14)	

① 期间内的增长率由日增长率的复合运算而来，与报告的季度增长率相一致。

（续表）

时间区间	K	截距	当前时间区间 GDP	当前时间区间 IP	$R^2(\%)$
2	77	0.45	−5.98		1.03
		(1.67)	(−0.82)		
		0.38		−47.20	2.82
		(2.04)		(−2.07)	
		0.36	0.98	−50.28	2.84
		(1.23)	(0.10)	(−1.56)	
4	48	0.83	−23.29		12.67
		(1.60)	(−2.44)		
		0.48		−77.93	17.88
		(1.90)		(−3.07)	
		0.63	−7.85	−62.55	18.63
		(1.78)	(−0.74)	(−2.30)	

注：表中显示了对于大小为 c 的每一时间区间，以往和当前 GDP 和工业产值（IP）最小二乘回归系数的上四分位观测值小于理论分布的上四分位均值（泊松参数等于时间区间大小），观测次数是时间区间的数量 k，标准误消除了异方差；括号中报告了 t 统计量。

资料来源：Das、Duffie、Kapadia 和 Saita（2007）。

我们报告了具有合理观测次数的大小为 2 和 4 的时间区间的回归结果。我们再次发现，工业产值增长率有助于解释违约率，甚至在控制了待估违约强度之后仍然如此。

鉴于美国工业产值增长率（IP）有可能是一个遗漏协变量，因此，我们把 IP 纳入模型之后对违约强度进行了重新估计。实际上，IP 是一个轻度显著的协变量，其系数大约是其标准误的 2.2 倍（从这个意义上说，(4.7)式中原始的四个协变量具有更大的显著性）。利用与此扩展模型相关的估计违约强度，我们重复进行之前的所有检验。

我们的主要结论保持不变。尽管 p 值较高，但第 5 章报告的所有检验结果与(4.7)式设定的原始强度的检验结果一致，并且拒绝了估计强度模型。举例来说，拟合优度检验拒绝了每个时间区间的泊松假设；上尾检验类似于表 5.3，3/5 的时间区间在 5％的水平上拒绝零假设，剩余 2/5 的时间区间在 10％的水平上拒绝零假设。采用扩展模型进行的 Prahl 检验统计量与零均值相差 3.25 个标准差（原始模型与零均值相差 3.48 个标准差）。对于每一个不同大小的时间区间而言，调整后的残余 Gaussian Copula 相关性参数 r 与表 B.1 报告的结果相同。总之，检验结果表明，即使对强度设定进行扩展，违约聚类还是要多于相关强度模型变化所导致的违约。

在更多近期开展的研究中，Lando 和 Nielsen（2009）表明，将某些财务比率看作协变量可以大大改进第 4 章估计的强度模型。

附录 D

具有脆弱性的 Gibbs 抽样的应用

在第 6 章与脆弱性相关的违约模型中,为了描述和估计历史动态违约情况,我们关注的主要是潜在脆弱过程 Y 的后验密度 $p_Y(\cdot \mid W, D, \beta)$。这是一个复杂的高维密度。通过集中计算以便从该分布中直接生成样本是不可能的。尽管如此,我们可以采用马尔可夫链蒙特卡罗(MCMC)法,通过生成 Y 的马尔可夫链对该后验分布进行拓展,用符号表示为 $\{Y^{(n)}\}_{n \geqslant 1}$,其均衡联合密度为 $p_Y(\cdot \mid W, D, \beta)$。然后,从联合后验分布中抽取样本,对参数进行推断并分析脆弱过程 Y。对于满足正则条件的函数 $f(\cdot)$,方程:

$$E[f(Y) \mid W, D, \beta] = \int f(y) p_Y(y \mid W, D, \beta) \mathrm{d}y \quad (\text{D}.1)$$

的蒙特卡罗估计由下式给出:

$$\frac{1}{N} \sum_{n=1}^{N} f(Y^{(n)}) \quad (\text{D}.2)$$

在这些条件下,由于 $N \to \infty$,马尔可夫链的遍历定理保证了这一数值平均收敛于其期望值。这样一个函数的焦点是恒等式 $f(y) =$

y，所以潜在的奥恩斯坦—乌伦贝尔脆弱过程的后验均值为：

$$E[f(Y)|W, D, \boldsymbol{\beta}] = E[Y|W, D, \beta] = \{E(Y_t | \mathcal{F}_T): 0 \leqslant t \leqslant T\}$$

MCMC的关键是脆弱过程 $Y = \{Y_t : 0 \leqslant t \leqslant T\}$ 的联合分布可以分解为一组条件分布。广义的克利福德—哈默斯利(CH)定理(Hammersley and Clifford，1970；Besag，1974)给出了一组条件分布对一个联合分布进行特征化处理的条件。例如，在我们的研究中，利用这一非正式符号的自然释义，CH 定理意味着 $\{Y_1, Y_2, \cdots, Y_T\}$ 的密度 $p_Y(\cdot | W, D, \boldsymbol{\beta})$ 由下列一组条件分布唯一决定：

$$Y_0 | Y_1, Y_2, \cdots, Y_T, W, D, \boldsymbol{\beta}$$
$$Y_1 | Y_0, Y_2, \cdots, Y_T, W, D, \boldsymbol{\beta}$$
$$\vdots$$
$$Y_T | Y_0, Y_1, \cdots, Y_{T-1}, W, D, \boldsymbol{\beta}$$

建议有兴趣的读者参阅 Robert 和 Casella(2005)对蒙特卡罗方法所做的拓展，以及 Johannes 和 Polson(2009)将 MCMC 应用于金融经济学的论述。

在我们的例子中，给定所有的可观测变量 (W, D)，并给定 $Y_{(-t)} = \{Y_t : s \neq t\}$，$t$ 时刻的条件分布 Y_t 在某种程度上是易处理的，如下所示。这就允许我们可以通过如下步骤，利用 Gibbs 抽样抽取后验分布 $Y_t : 0 \leqslant t \leqslant T$ 的所有样本：

(1) 初始化 $Y_t = 0$，$t = 0, 1, 2, \cdots, T$。

(2) 对于 $t = 0, 1, 2, \cdots, T$，给定 $Y_{(-t)}$，从条件分布中抽取一个新的 Y_t 值，方法如下。

(3) 存储样本 $\{Y_t : 0 \leqslant t \leqslant T\}$ 并返回到步骤(2)，直到对所需的所有样本都进行了模拟。

作为"烧机"样本，我们通常放弃首次抽取的几百个样本，因为最初的 Gibbs 抽样不能近似收敛①于后验分布 $\{Y_t : 0 \leqslant t \leqslant T\}$。

到目前为止，我们仍未说明给定 $Y_{(-t)}$ 的条件下如何从条件分布中抽取样本 Y_t。回想一下，$\mathcal{L}(\boldsymbol{\beta}|\boldsymbol{W}, \boldsymbol{Y}, \boldsymbol{D})$ 代表可观测的协变量和违约的完全信息似然函数，其中 $\boldsymbol{\beta}=(v, \eta, k)$，对于 $0 < t < T$，有：

$$
\begin{aligned}
p(Y_t|\boldsymbol{W}, \boldsymbol{D}, \boldsymbol{Y}_{(-t)}, \boldsymbol{\beta}) &= \frac{p(\boldsymbol{W}, \boldsymbol{D}, \boldsymbol{Y}, \boldsymbol{\beta})}{p(\boldsymbol{W}, \boldsymbol{D}, \boldsymbol{Y}_{(-t)}, \boldsymbol{\beta})} \\
&\propto p(\boldsymbol{W}, \boldsymbol{D}, \boldsymbol{Y}, \boldsymbol{\beta}) \\
&= p(\boldsymbol{W}, \boldsymbol{D}|\boldsymbol{Y}, \boldsymbol{\beta}) p(\boldsymbol{Y}, \boldsymbol{\beta}) \\
&\propto \mathcal{L}(\boldsymbol{\beta}|\boldsymbol{W}, \boldsymbol{Y}, \boldsymbol{D}) p(\boldsymbol{Y}, \boldsymbol{\beta}) \\
&= \mathcal{L}(\boldsymbol{\beta}|\boldsymbol{W}, \boldsymbol{Y}, \boldsymbol{D}) p(\boldsymbol{Y}_t|\boldsymbol{Y}_{(-t)}, \boldsymbol{\beta}) p(\boldsymbol{Y}_{(-t)}, \boldsymbol{\beta}) \\
&\propto \mathcal{L}(\boldsymbol{\beta}|\boldsymbol{W}, \boldsymbol{Y}, \boldsymbol{D}) p(\boldsymbol{Y}_t|\boldsymbol{Y}_{(-t)}, \boldsymbol{\beta})
\end{aligned}
$$

在这里反复利用的事实是不涉及 $\boldsymbol{Y}_t$ 的期限是恒定的。

根据马尔可夫性质，给定 $\boldsymbol{Y}_{(-t)}$ 和 $\boldsymbol{\beta}$ 条件下 $\boldsymbol{Y}_t$ 的条件分布，与给定 $\boldsymbol{Y}_{t-1}$，$\boldsymbol{Y}_{t+1}$ 和 $\boldsymbol{\beta}$ 条件下 $\boldsymbol{Y}_t$ 的条件分布是相同的，因此：

$$
\begin{aligned}
p(\boldsymbol{Y}_t|\boldsymbol{Y}_{(-t)}, \boldsymbol{\beta}) &= p(\boldsymbol{Y}_t|\boldsymbol{Y}_{t-1}, \boldsymbol{Y}_{t+1}, \boldsymbol{\beta}) \\
&= \frac{p(\boldsymbol{Y}_{t-1}, \boldsymbol{Y}_t, \boldsymbol{Y}_{t+1}|\boldsymbol{\beta})}{p(\boldsymbol{Y}_{t-1}, \boldsymbol{Y}_{t+1}|\boldsymbol{\beta})} \\
&\propto p(\boldsymbol{Y}_{t-1}, \boldsymbol{Y}_t, \boldsymbol{Y}_{t+1}|\boldsymbol{\beta}) \\
&= p(\boldsymbol{Y}_{t-1}, \boldsymbol{Y}_t|\boldsymbol{\beta}) p(\boldsymbol{Y}_{t+1}|\boldsymbol{Y}_{t-1}, \boldsymbol{Y}_t, \boldsymbol{\beta}) \\
&\propto \frac{p(\boldsymbol{Y}_{t-1}, \boldsymbol{Y}_t|\boldsymbol{\beta})}{p(\boldsymbol{Y}_{t-1}|\boldsymbol{\beta})} p(\boldsymbol{Y}_{t+1}|\boldsymbol{Y}_t, \boldsymbol{\beta})
\end{aligned}
$$

---

① 我们使用各种收敛方法，例如跟踪作为抽样样本数量函数的给定参数，确保迭代过程足够长以达到近似收敛，且确保我们的结果不显著依赖于 Gibbs 抽样的初始值。对于评估 MCMC 收敛的各种方法的讨论，参看 Gelman、Carlin、Stern 和 Rubin (2004)，第 11 章第 6 节。在与 Jun Liu 和 Xiao-Li Meng 的交谈中，他们建议对依赖更多烧机样本的情况要慎重考虑。

$$= p(\boldsymbol{Y}_t | \boldsymbol{Y}_{t-1}, \boldsymbol{\beta}) p(\boldsymbol{Y}_{t+1} | \boldsymbol{Y}_t, \boldsymbol{\beta})$$

其中,$p(\boldsymbol{Y}_t | \boldsymbol{Y}_{t-1}, \boldsymbol{\beta})$是(6.6)式 OU 过程的一步转移密度。因此:

$$p(\boldsymbol{Y}_t | \boldsymbol{W}, \boldsymbol{D}, \boldsymbol{Y}_{(-t)}, \boldsymbol{\beta}) \propto L(\boldsymbol{\beta} | \boldsymbol{W}, \boldsymbol{Y}, \boldsymbol{D})$$
$$\cdot\, p(\boldsymbol{Y}_t | \boldsymbol{Y}_{t-1}, \boldsymbol{\beta}) p(\boldsymbol{Y}_{t+1} | \boldsymbol{Y}_t, \boldsymbol{\beta})$$

$$(D.3)$$

(D.3)式以隐含形式决定了给定 $\boldsymbol{Y}_{t-1}$ 和 $\boldsymbol{Y}_{t+1}$ 情况下的期望条件密度 $\boldsymbol{Y}_t$。尽管不可能从这一分布中直接抽取样本,但我们可以采用随机游走 Metropolis-Hastings 算法(Metropolis and Ulam, 1949; Hastings, 1970)[1] 进行抽样。我们采用密度 $q(\boldsymbol{Y}_t^{(n)} | \boldsymbol{W}, \boldsymbol{D}, \boldsymbol{Y}_t^{(n-1)}, \boldsymbol{\beta}) = \phi_{0,4}(\boldsymbol{Y}_t^{(n-1)})$,其中 ϕ_{μ,σ^2} 代表均值为 μ、方差为 σ^2 的高斯密度。也就是说,我们把均值看作是此前 Gibbs 抽样迭代的 $\boldsymbol{Y}_t$ 值,把方差看作是标准布朗运动[2]增量方差的两倍。因此,在 Gibbs 抽样的第 n 次迭代中,样本 $\boldsymbol{Y}_t$ 的 Metropolis-Hastings 步骤如下:

(1) 抽取 $y \sim \phi_{0,4}(\boldsymbol{Y}_t^{(n-1)})$。

(2) 计算:

$$\alpha(y, \boldsymbol{Y}_t^{(n)}) = \min\left(\frac{L(\boldsymbol{\beta} | \boldsymbol{W}, \boldsymbol{Y}_{(-t)}^{(n-1)}, \boldsymbol{Y}_t = y, \boldsymbol{D})}{L(\boldsymbol{\beta} | \boldsymbol{W}, \boldsymbol{Y}^{(n-1)}, \boldsymbol{D})}, 1\right) \quad (D.4)$$

(3) 抽取$(0, 1)$上的均匀分布 U,并令:

$$\boldsymbol{Y}_t^{(n)} = \begin{cases} y, \text{如果} U < \alpha(y, \boldsymbol{Y}_t^{(n)}) \\ \boldsymbol{Y}_t^{(n-1)}, \text{其他} \end{cases}$$

---

① 另外,我们可以把样本空间离散化并通过一个离散分布使其接近于条件分布,这种方法通常被称为 Griddy Gibbs 法(Tanner, 1998),在条件密度不明确的情况下,MH 算法通常要比其他方法能够更快的得到结果。

② 我们计算了不同时点的条件密度,用以检验过度后尾的情况,而且我们发现,使用标准密度不会损害 MH 算法的收敛性,参看 Mengersen 和 Tweedie(1996)介绍的技术条件。

(D.4)式选择的接受概率确保马尔可夫链 $\{Y_t^{(n)}:n \geqslant 1\}$ 满足具体的平衡方程：

$$p(y_1|W, D, Y_{(-t)}, \beta)\phi_{y_{1,4}}(y_2)\alpha(y_1, y_2)$$
$$= p(y_2|W, D, Y_{(-t)}, \beta)\phi_{y_{2,4}}(y_1)\alpha(y_2, y_1)$$

而且，$\{Y_t^{(n)}:n \geqslant 1\}$ 的状态分布为 $p(Y_t|W, D, Y_{(-t)}, \beta)$ [对此，参看 Robert 和 Casella(2005)的定理 7.2]。

附录 E

脆弱性检验

为了判断第 3 章和第 6 章无脆弱变量模型和包含脆弱变量模型的相对适配性,我们没有使用标准检验,如卡方检验。相反,我们对比这两种模型的边缘似然性。这种方法并不依赖于大样本分布理论,但对这两种竞争模型的先验概率具有直观的解释。

具体而言,考虑应用贝叶斯方法来对两种竞争模型的适配性大小进行对比,同时假定两个模型"noF"(无脆弱变量的模型)和"F"(包含了一个共同脆弱变量的模型)的先验概率为正。事后胜率比为:

$$\frac{\mathbb{P}(F|\boldsymbol{W}, \boldsymbol{D})}{\mathbb{P}(noF|\boldsymbol{W}, \boldsymbol{D})} = \frac{\mathcal{L}_F(\widehat{\boldsymbol{\gamma}_F}, \widehat{\boldsymbol{\beta}_F}|\boldsymbol{W}, \boldsymbol{D})}{\mathcal{L}_{noF}(\widehat{\boldsymbol{\gamma}_{noF}}, \widehat{\boldsymbol{\beta}_{noF}}|\boldsymbol{W}, \boldsymbol{D})} \frac{\mathbb{P}(F)}{\mathbb{P}(noF)}$$

$$(E.1)$$

其中, $\widehat{\boldsymbol{\beta}}_M$ 和 $\mathcal{L}_M$ 分别代表给定模型 M 的极大似然估计值和似然函数。因为协变量过程 $\boldsymbol{W}$ 的时间序列模型在两个模型中是相同的,因此把(6.5)式带入(E.1)式得:

$$\frac{\mathbb{P}(F|\boldsymbol{W}, \boldsymbol{D})}{\mathbb{P}(noF|\boldsymbol{W}, \boldsymbol{D})} = \frac{\mathcal{L}(\widehat{\boldsymbol{\gamma}_F}|\boldsymbol{W})\mathcal{L}_F(\widehat{\boldsymbol{\beta}_F}|\boldsymbol{W}, \boldsymbol{D})}{\mathcal{L}(\widehat{\boldsymbol{\gamma}_{noF}}|\boldsymbol{W})\mathcal{L}_{noF}(\widehat{\boldsymbol{\beta}_{noF}}|\boldsymbol{W}, \boldsymbol{D})} \frac{\mathbb{P}(F)}{\mathbb{P}(noF)}$$

$$= \frac{\mathcal{L}_F(\widehat{\boldsymbol{\beta}}_F \mid \boldsymbol{W}, \boldsymbol{D})}{\mathcal{L}_{noF}(\widehat{\boldsymbol{\beta}}_{noF} \mid \boldsymbol{W}, \boldsymbol{D})} \frac{\mathbb{P}(F)}{\mathbb{P}(noF)} \qquad (E.2)$$

(E.2)式右边的第一个因子有时被称为"贝叶斯因子"。

沿袭 Kass 和 Raftery(1995)以及 Eraker、Johannes 和 Polson (2003)的研究结果,我们将研究的重点放在统计量 Φ 的大小上, 它和似然比检验统计量属于同一范畴,其大小是贝叶斯因子自然 对数的两倍。介于 2 和 6 之间的 Φ 值支持了替代模型,介于 6 和 10 之间的 Φ 值有力支持了替代模型,大于 10 的 Φ 值强有力地支 持了替代模型。由于似然函数(E.2)的边缘特征,这一标准不适用 于更复杂的模型。关于贝叶斯因子惩罚特性的讨论参见 Smith 和 Spiegelhalter(1980),这种性质有时被称为"全自动奥卡姆剃刀"。 在我们的例子中,检验统计量为 22.6。通过这种模型比较我们发 现,应该在模型中包含脆弱变量。不幸的是,贝叶斯因子不能用于 比较包含脆弱变量的模型与既包括脆弱性也包括不可观测异质性 的模型,因为后者在评估似然函数时其运算代价非常大。

附录 F

不可观测异质性

为了处理不可观测异质性，我们在这里扩展了第 6.2 节介绍的蒙特卡罗 EM 算法和附录 D 介绍的 Gibbs 抽样法。本附录介绍这个扩展的算法和估计方法。

扩展的蒙特卡罗 EM 算法的步骤为：

(1) 初始化 $Z_i^{(0)} = 1$，$1 \leqslant i \leqslant m$ 且初始化 $\boldsymbol{\beta}^{(0)} = (\hat{v}, 0.05, 0)$，其中 $\hat{v}$ 是无脆弱变量模型中 v 的极大似然估计量。

(2)（蒙特卡罗 E 步）给定现有参数估计量 $\beta^{(k)}$，从脆弱性样本过程 $\boldsymbol{Y} = \{Y_t : 0 \leqslant t \leqslant T\}$ 和不可观测异质性变量向量 $\boldsymbol{Z} = \{Z_i : 1 \leqslant i \leqslant m\}$ 的联合后验分布 $p_{Y,z}(\cdot \,|\, \boldsymbol{W}, \boldsymbol{D}, \boldsymbol{\beta}^{(k)})$ 中抽取样本 $(Y^{(j)}, Z^{(j)})$，$j = 1, 2, \cdots, n$。可以通过如下 Gibbs 抽样来完成上述步骤。完整数据对数似然函数的期望由下式给出：

$$
\begin{aligned}
Q(\boldsymbol{\beta}, \boldsymbol{\beta}^{(k)}) &= E_{\boldsymbol{\beta}^{(k)}} \left(\ln \mathcal{L}(\boldsymbol{\beta} \,|\, \boldsymbol{W}, \boldsymbol{Y}, \boldsymbol{Z}, \boldsymbol{D}) \right) \\
&= \int \ln \mathcal{L}(\boldsymbol{\beta} \,|\, \boldsymbol{W}, y, z, \boldsymbol{D}) \, p_{Y,z}(y, z \,|\, \boldsymbol{W}, \boldsymbol{D}, \boldsymbol{\beta}^{(k)}) \, \mathrm{d}y \mathrm{d}z
\end{aligned}
$$

$$(\text{F.1})$$

利用 Gibbs 抽样生成的样本路径，可以由下式近似得到 (F.1) 式：

$$\hat{Q}(\boldsymbol{\beta}, \boldsymbol{\beta}^{(k)}) = \frac{1}{n} \sum_{j=1}^{n} \ln \mathcal{L}(\boldsymbol{\beta} \mid \boldsymbol{W}, \boldsymbol{Y}^{(j)}, \boldsymbol{Z}^{(j)}, \boldsymbol{D}) \qquad \text{(F.2)}$$

(3)（M 步）采用 Newton-Raphson 算法,计算关于参数向量 $\boldsymbol{\beta}$ 的 $\hat{Q}(\boldsymbol{\beta}, \boldsymbol{\beta}^{(k)})$ 的最大值,令新的参数估计值 $\beta^{(k+1)}$ 等于这一极大值。

(4) 用 $k+1$ 替代 k,并且返回到第(3)步,重复进行 MC 的 E 步和 M 步,直到得到合理的数值收敛为止。

利用 Gibbs 抽样从 $\{Y_t : 0 \leqslant t \leqslant T\}$ 和 $\{Z_i : 1 \leqslant i \leqslant m\}$ 的联合后验分布中抽取样本的步骤如下:

(1) 初始化 $Y_t = 0$, $t = 0, 1, 2, \cdots, T$, 初始化 $Z_i = 1$, $i = 1, 2, \cdots, m$。

(2) 对于 $t = 1, 2, \cdots, T$, 给定 Y_{t-1}、Y_{t+1} 和 Z_i 的当前值,从其条件分布中抽取新的 Y_t 值。我们可以通过把 $\ln Z_i$ 看作为是一个在(6.1)式中的系数为 1 的附加协变量,据此调整附录 D 中介绍的 Metropolis-Hastings 算法来完成这一步。

(3) 对于 $i = 1, 2, \cdots, m$, 给定现有路径 Y,从条件分布中抽取变量 $Z_1, Z_2, \cdots, Z_m$ 的不可观测异质性,步骤如下。

(4) 保存样本路径 $\{Y_t : 0 \leqslant t \leqslant T\}$ 和变量 $\{Z_i : 1 \leqslant i \leqslant m\}$, 返回到步骤(2)并重复进行这一过程,直到抽取到所需的数量为止,作为烧机样本,放弃首次抽取的数百个样本。

我们还要说明如何从条件后验分布中抽取异质性变量 Z_1, $Z_2, \cdots, Z_m$。首先,通过不可观测异质性变量 $Z_1, Z_2, \cdots, Z_n$ 的条件独立性,可以得到:

$$p(\boldsymbol{Z} \mid \boldsymbol{W}, \boldsymbol{Y}, \boldsymbol{D}, \boldsymbol{\beta}) = \prod_{i=1}^{m} p(Z_i \mid W_i, \boldsymbol{Y}, D_i, \boldsymbol{\beta})$$

为了从其条件分布中抽取 **Z**,需要充分说明如何从其条件分布中抽取每一个 Z_i。回想一下,我们已经将异质性变量 Z_i 设定为一个均值为 1、标准差为 0.5 的伽马分布，在这种情况下，通过简要的计算可以得到，密度参数 a 和 b 均为 4。运用贝叶斯法则可以得到：

$$p(Z_i|\boldsymbol{W}, \boldsymbol{Y}, \boldsymbol{D}, \boldsymbol{\beta}) \propto p_\Gamma(Z_i; 4, 4) \, \mathcal{L}(\boldsymbol{\beta}|W_i, \boldsymbol{Y}, Z_i, D_i)$$

$$\propto Z_i^3 \mathrm{e}^{-4Z_i} \, \mathrm{e}^{-\sum\limits_{t=t_i}^{T_i} \lambda_{it} \Delta t} \prod_{t=t_i}^{T_i} \left[D_{it} \lambda_{it} \Delta t + (1 - D_{it}) \right]$$

$$(\mathrm{F}.3)$$

其中，$p_\Gamma(\cdot; a, b)$ 表示参数为 a 和 b 的伽马分布的密度，对于公司特有的常量 A_i 和 B_i，把 (6.7) 式带入 (F.3) 式，得：

$$p(Z_i|\boldsymbol{W}, \boldsymbol{Y}, \boldsymbol{D}, \boldsymbol{\beta}) \propto Z_i^3 \mathrm{e}^{-4Z_i} \exp\left(-\sum_{t=t_i}^{T_i} \tilde{\lambda}_{it} \mathrm{e}^{\gamma Y_t} Z_i \right)$$

$$\cdot \prod_{t=t_i}^{T_i} \left[D_{it} \lambda_{it} \Delta_t + (1 - D_{it}) \right]$$

$$= Z_i^3 \mathrm{e}^{-4Z_i} \exp(-A_i Z_i) \cdot \begin{cases} B_i Z_i, \text{如果企业 } i \text{ 违约} \\ 1, \text{如果企业 } i \text{ 没有违约} \end{cases}$$

$$(\mathrm{F}.4)$$

合并 (F.4) 式中的因子得到：

$$p(Z_i|W_i, \boldsymbol{Y}, D_i, \boldsymbol{\beta}) = p_\Gamma(Z_i; 4 + D_{i, T_i}, 4 + A_i) \quad (\mathrm{F}.5)$$

这又是一个伽马分布，但参数与前面不同。因此，我们可以非常容易地从其条件分布中抽取样本 Z_i。

表 F.1 给出了每一个可观测协变量系数 v_i、脆弱性参数 η 和 k 的极大似然估计量及其估计标准误。我们看到，当模型包含了不可观测异质性时，违约强度对 OU 脆弱过程 $\boldsymbol{Y}$ 的依赖系数 η 从 0.125 下降到 0.112，但协变量的经济意义和脆弱过程的重要性这个总体结论保持不变。我们也证实了脆弱过程 $\boldsymbol{Y}$ 与未考虑不可观测异质性模型的待估后验分布在数值上相似。

表 F.1 包含脆弱性和不可观测异质性模型的参数估计

	系　数	标准误	统计量
常数项	−0.895	0.134	−6.7
违约距离	−1.662	0.047	−35.0
往期累计股票回报率	−0.427	0.074	−5.8
3 个月期国库券利率	−0.241	0.027	−9.0
往期累计 S&P 500 回报率	1.507	0.309	4.9
潜在因素波动率	0.112	0.022	5.0
潜在因素均值回复率	0.061	0.017	3.5

注：表中给出了包含脆弱性和不可观测异质性模型强度参数的极大似然估计量。在 $\boldsymbol{\beta} = \hat{\boldsymbol{\beta}}$ 处，利用似然函数的海森矩阵计算渐近标准误。

资料来源：Duffie、Eckner、Horel 和 Saita(2009)。

附录 G

非线性检验

　　到目前为止，如(6.1)式所设定的，我们假定违约强度对数对协变量具有线性依赖。这个假设也许过于严格，在违约距离解释了违约强度在企业间随时间发生的主要波动的情况下尤其如此。如果真实对数强度对违约距离的反应是凸的，那么，当违约距离低于正常水平时，现有公式中的潜在脆弱变量的值将更高；反之反是。这种设定偏误可能形成了图 7.1 所示的脆弱性路径后验估计均值。

　　为了检验与这一对数线性假设相关的研究结果的稳健性，我们利用违约距离贡献度的非参数化模型，对模型进行重新估计。该模型用 $-\ln f(\delta(t))$ 代替违约距离协变量，其中 $\delta(t)$ 是违约距离，$f(x)$ 是在违约距离为 x 时，样本中 1 年内违约频率的非参数化核平滑适配度。图 G.1 描述了现有违约距离水平 $\delta(t)$ 和年化违约强度之间的核平滑非参数关系。对于 $\delta(t) \leqslant 9$ 的值而言，带宽为 1 的 Gaussian 核平滑被用来估计强度，然而，由于缺乏数据，我们只能通过对数线性关系估计尾部分布，并对图 4.1 的曲线进行平滑扩展。

　　运用这个拓展的思路，我们对模型参数进行了重新估计，表 G.1 给出了协变量参数向量 $\hat{v}$、脆弱参数 $\hat{\eta}$ 和 $\hat{k}$ 的估计量以及标准误的渐近估计值。

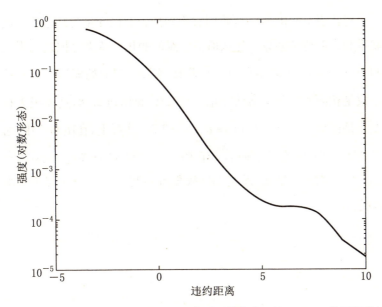

注：图中显示了对小于 9 的违约距离采用带宽为 1 的 Gaussian 核平滑估计的违约强度。对大于 9 的违约距离，我们假定二者之间存在一个对数线性关系。

资料来源：Duffie、Eckner、Horel 和 Saita(2009)。

图 G.1　年违约频率对现有违约距离依赖程度的非参数估计

表 G.1　对违约距离非参数化控制后的脆弱性参数估计

	系数	标准误	t 统计量
常数项	2.279	0.194	11.8
$-\ln\left(f(\delta)\right)$	−1.198	0.042	−28.6
往期累计股票回报率	−0.618	0.075	−8.3
3 个月期国库券利率	−0.238	0.030	−8.1
往期累计 S&P 500 回报率	1.577	0.312	5.1
潜在因素波动率	0.128	0.020	6.3
潜在因素均值回复率	0.043	0.009	4.8

注：表中给出了用 $-\ln\left(f(\delta)\right)$ 替代违约距离的情况下，包含脆弱变量的模型中强度参数 $\boldsymbol{\beta}$ 的极大似然估计，其中，$\delta(t)$ 是违约距离，$f(\cdot)$ 是刻画从 δ 到年违约频率的非参数核估计，如图 G.1 所示。脆弱性波动就是违约强度对标准 OU 脆弱过程 Y 依赖程度的系数 η。我们利用在 $\boldsymbol{\beta}=\hat{\beta}$ 处的完整数据对数似然函数期望的海森矩阵来计算待估渐近标准误。

资料来源：Duffie、Eckner、Horel 和 Saita(2009)。

对比表 7.1 和表 G.1,我们看不到把企业协变量与其违约强度联系起来的待估系数有什么值得注意的变化。特别是把违约强度和 $-\ln f(\delta(t))$ 联系在一起的系数,实际上与原始模型中 $\delta(t)$ 的系数是相同的。截距项估计量从 -1.20 变化到 2.28,这在很大程度上是因为 $-\ln f(\delta(t)) \approx \delta(t) - 3.5$。实际上,在图 G.1 中,对于 $\delta(t) = 0$ 时的截距而言,有 $10^{-1.5} \approx 0.032 \approx \exp(-1.20 - 2.28)$,我们已经证实,潜在 OU 脆弱性过程的后验分布似乎基本保持不变。

附录 H

贝叶斯动态脆弱性

第 6 章和第 7 章的违约风险分析部分基于脆弱性均值回复和波动性参数 k 和 σ 的极大似然估计,这些参数的不确定性可能会增加组合损失的尾部风险,我们将在本附录探讨这一问题。

脆弱过程 Y 的稳态方差为:

$$\sigma_\infty^2 \equiv \lim_{s \to \infty} var\,(Y_s \mid \mathcal{G}_t) = \lim_{s \to \infty} var\,(Y_s \mid Y_t) = \frac{\sigma^2}{2\kappa}$$

受脆弱性后验均值历史行为的驱动,我们把稳态标准差 σ_∞ 的先验密度看作是均值为 0.5、标准差为 0.25 的伽马分布,均值回复率 k 的先验分布也被假定为伽马分布,其均值为 $\ln 2/36$(相当于对脆弱变量冲击三年的半衰期),且标准差为 $\ln 2/72$。因此,σ 和 k 的联合先验密度为:

$$p\,(\sigma,\,k) \propto \left(\frac{\sigma}{\sqrt{2k}}\right)^3 \exp\left(-\frac{8\sigma}{\sqrt{2k}}\right) k^3 \exp\left(-k\,\frac{144}{\ln 2}\right)$$

图 H.1 给出了现有数据下脆弱过程波动性和均值回复参数的边缘后验密度,图 H.2 显示了它们的联合后验密度。这两个图形

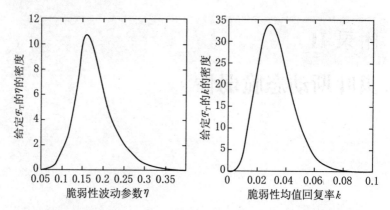

注:图中显示了给定 $\mathcal{F}_T$,附录 H 介绍的贝叶斯方法的脆弱性波动参数 η 和脆弱性均值回复率 k 的后验边缘密度。

资料来源:Duffie、Eckner、Horel 和 Saita(2009)。

图 H.1　贝叶斯参数的动态脆弱性

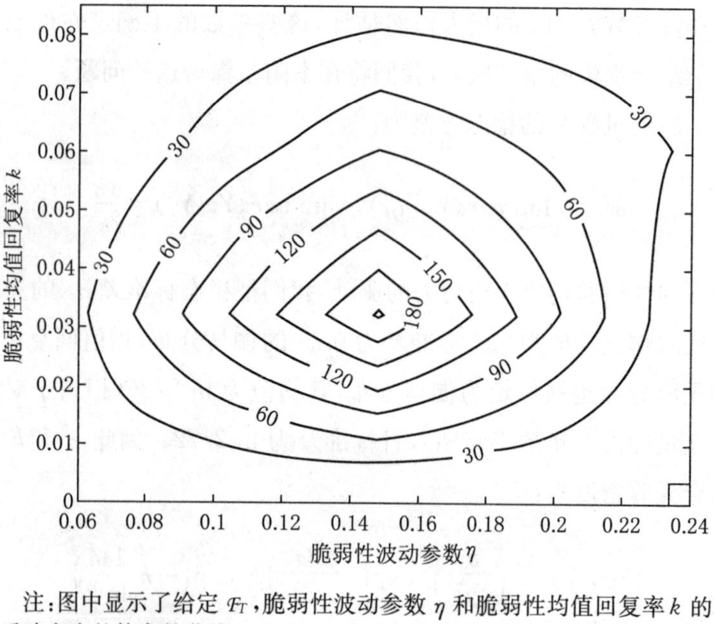

注:图中显示了给定 $\mathcal{F}_T$,脆弱性波动参数 η 和脆弱性均值回复率 k 的联合后验密度的等参数曲线。

资料来源:Duffie、Eckner、Horel 和 Saita(2009)。

图 H.2　脆弱性动态参数的贝叶斯联合分布

表明,这些动态参数的后验分布具有很大的不确定性。从主观概率角度来看,通过将共同的脆弱参数固定为其极大似然估计量而获得的组合损失分布尾部风险的估计量,也许大大低估了极端组合损失的概率。

虽然参数的不确定性对中间分位的组合损失分布仅产生较小的影响,但图 H.3 表明,参数不确定性对在第 7 章无贝叶斯参数不确定性估计的组合违约概率分布的极端尾部具有中度影响。例如,当给定脆弱性参数 η 和 k 为其极大似然估计值时,99 百分位上有 265 家企业违约。如果把后验参数的不确定性考虑在内的话,违约的企业有 275 家。

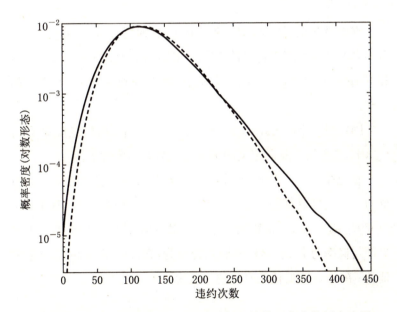

注:图中显示了在对数形态下,把波动性和均值回复参数固定为图 7.6 所示的 MLE 估计量时的组合违约次数密度(虚线),以及贝叶斯估计的违约次数密度(实线)。通过将 Gaussian 核平滑(带宽为 10)应用于生成经验分布的蒙特卡罗方法来估计密度。

资料来源:Duffie、Eckner、Horel 和 Saita(2009)。

图 H.3 贝叶斯与非贝叶斯组合风险的比较

附录 I

风险中性违约概率

本附录介绍了概率测度的一个变化，即通过扭曲"真实"违约概率来对违约时间进行风险定价。正如 Berndt、Douglas、Duffie 和 Ferguson(2005)的研究所示，这通常导致违约强度的大幅上升。

固定概率空间$(\Omega, \mathcal{F}, P)$和满足一般条件[①]的信息滤集$\{\mathcal{G}_t : t \geqslant 0\}$，考虑第 2 章所定义的强度过程为 λ 的停时 T。

假定在 $t > s$ 的任意时刻，短期利率过程[②] r 能让在任一 s 时刻的一单位投资都能产生总市值 $e^{\int_s^t r(u)du}$ 。如 Harrison 和 Kreps (1979)所定义的，等价鞅测度是一个概率测度 P^*，其概率为正的事件与概率为 P 的事件相同，其特征为，在停时 T 支付 Z 的金融证券[③]在 $t < T$ 的任意时刻的市值为：

---

① 参阅 Protter(2004)对此的技术定义。

② 利率过程 r 是与 $\{\mathcal{G}_t : t \geqslant 0\}$ 相关的逐步可测的，对于所有的 t，都有 $\int_0^t |r(s)ds| < \infty$。

③ 在这里，Z 是可测的 $\mathcal{G}_T$，有 $E^* \left(e^{-\int_s^T r(s)ds} | Z | \right) < \infty$。

$$E^* \left(e^{-\int_t^T r(s)ds} Z \mid \mathcal{G}_t \right)$$

其中,E^* 是与 P^* 相关的期望值,因此可以有很多等价鞅测度。我们通过固定其中的一个概率测度,如 P^* 来完成整个等价鞅测度过程。正如 Harrison 和 Kreps(1979)在有限维条件下的研究,等价鞅测度在本质上等同于套利的缺失,粗略地讲,这意味着无投资且产生百分百正利润的交易策略的缺失。

命题 4(Artzner and Delbaen, 1995) 假定 P^* 是一个等同于 P 的概率测度,且 T 为停时。那么,当且仅当 T 在 P^* 的情况下有强度时,T 在 P 的情况下才有强度。

在给定等价鞅测度 P^* 下,我们将称停时 T 的强度 λ^* 为 T 的"风险中性强度"。我们会经常希望利用能够让双随机特性保留下来的测度的变化。Duffie(2001)的附录 I 中的命题 6 隐含了风险溢价过程 λ^*/λ 的充分条件。

在测度为 P^* 的双随机特性失效的情况下,我们不可能非常便捷地计算风险中性生存概率:

$$P^* (\tau > t) = E^* \left(e^{-\int_0^t \lambda(s)ds} \right)$$

Collin-Dufresne、Goldstein 和 Huggonier(2004)对第 2 章提到的概率测度进行了进一步的改变,据此我们可以采用一个类似运算来计算风险中性生存概率。

违约风险定价的溢价超出了实际强度 λ 和风险中性强度 λ^* 二者之差,对于所有的 t,都可能有 $\lambda_t^* = \lambda_t$,但在实际测度 P 和等价鞅测度 P^* 的情况下,我们可以从 λ 的不同概率分布差异中获取风险溢价,Jarrow、Lando 和 Yu(2005)给出了这种定价的充分条件。具体而言,假定 T 在 P 和 P^* 下是双随机的,且在这两种测度下强度相等,即 $\lambda = \lambda^*$。即使在这种情况下,只要:

$$P^* (T > t) = E^* \left(e^{-\int_0^t \lambda^* (s) ds} \right)$$

$$= E^* \left(e^{-\int_0^t \lambda(s) ds} \right)$$

$$< E \left(e^{-\int_0^t \lambda(s) ds} \right)$$

$$= P(\tau > t)$$

风险中性概率都要低于实际生存概率。例如,由于违约强度对风险因子的依赖性,这些风险因子的期望在风险中性概率测度 P^* 下比在实际概率测度 P 下更不利于企业生存,因此对于 $t > 0$,都有 $E^*(\lambda_t) > E(\lambda_t)$。总体而言,风险溢价有两个来源:(1)实际违约强度与风险中性违约强度之差;(2)影响违约强度的风险因子实际概率分布与风险中性概率分布之差。

参考文献

Akhavein, J. D., A. E. Kocagil, and M. Neugebauer (2005). A Comparative Empirical Study of Asset Correlations. Working Paper, Fitch Ratings, New York.

Allen, L. and A. Saunders (2003). A Survey of Cyclical Effects in Credit Risk Measurement Models. BIS Working Paper 126, Basel Switzerland.

Altman, E. I. (1968). Financial Ratios, Discriminant Analysis, and the Prediction of Corporate Bankruptcy. *Journal of Finance 23*, 589–609.

Andersen, P. K., O. Borgan, R. D. Gill, and N. Keiding (1992). *Statistical Models Based on Counting Processes*. New York: Springer-Verlag.

Artzner, P. and F. Delbaen (1995). Default Risk and Incomplete Insurance Markets. *Mathematical Finance 5*, 187–195.

Azizpour, S., K. Giesecke, G. Schwenkler (2010). Exploring the Sources of Default Clustering. Working Paper, Stanford University.

Baum, L. E., T. P. Petrie, G. Soules, and N. Weiss (1970). A Maximization Technique Occurring in the Statistical Analysis of Probabilistic Functions of Markov Chains. *Annals of Mathematical Statistics 41*, 164–171.

Beaver, B. (1968 Autumn). Market Prices, Financial Ratios, and the Prediction of Failure. *Journal of Accounting Research*, 170–192.

Berndt, A., R. Douglas, D. Duffie, and M. Ferguson (2005). Measuring Default-Risk Premia from Default Swap Rates and EDFs. Working Paper, Carnegie-Mellon University.

Besag, J. (1974). Spatial Interaction and The Statistical Analysis Of Lattice Systems. *Journal of the Royal Statistical Association. Series B 36*, 192–236.

Bharath, S. and T. Shumway (2008). Forecasting Default with the Merton Distance-to-Default Model. *Review of Financial Studies 21*, 1339–1369.

Black, F. and M. Scholes (1973). The Pricing of Options and Corporate Liabilities. *Journal of Political Economy 81*, 637–654.

Blume, M. and D. Keim (1991). Realized Returns and Volatility of Low-Grade Bonds:

1977–1989. *Journal of Finance 46*, 49–74.

Cappé, O., E. Moulines, and T. Rydén (2005). *Inference in Hidden Markov Models*. New York: Springer Verlag.

Celeux, G. and J. Diebolt (1986). The SEM Algorithm: A Probabilistic Teacher Algorithm Derived from the EM Algorith For The Mixture Problem. *Computational Statistics Quaterly 2*, 73–82.

Chava, S. and R. Jarrow (2004). Bankruptcy Prediction with Industry Effects. *Review of Finance 8*, 537–569.

Cochran, W. (1954). Some Methods of Strengthening χ^2 Tests. *Biometrics 10*, 417–451.

Collin-Dufresne, P., R. Goldstein, and J. Helwege (2010). Is Credit Event Risk Priced? Modeling Contagion via the Updating of Beliefs. Working Paper, Columbia University.

Collin-Dufresne, P., R. Goldstein, and J. Huggonier (2004). A General Formula for Valuing Defaultable Securities. *Econometrica 72*, 1377–1407.

Couderc, F. and O. Renault (2004). Times-to-Default: Life Cycle, Global and Industry Cycle Impacts. Working Paper, University of Geneva.

Crosbie, P. J. and J. R. Bohn (2002). Modeling Default Risk. Technical Report, KMV, LLC.

Das, S., D. Duffie, N. Kapadia, and L. Saita (2007). Common Failings: How Corporate Defaults are Correlated. *Journal of Finance 62*, 93–117.

Davis, M. and V. Lo (2001). Infectitious Default. *Quantitative Finance 1*, 382–387.

Delloy, M., J.-D. Fermanian, and M. Sbai (2005). Estimation of a Reduced-Form Credit Portfolio Model and Extensions to Dynamic Frailties. Working Paper, BNP-Paribas.

Demptser, A. P., N. M. Laird, and D. B. Rubin (1977). Maximum Likelihood Estimation from Incomplete Data via the EM Algorithm (with Discussion). *Journal of the Royal Statistical Society: Series B 39*, 1–38.

deServigny, A. and O. Renault (2002). Default Correlation: Empirical Evidence. Working Paper, Standard and Poors.

Duffie, D. (2001). *Dynamic Asset Pricing Theory* (3rd, Edition). Princeton, New Jersey: Princeton University Press.

Duffie, D., A. Eckner, G. Horel, and L. Saita (2009). Frailty Correlated Default. *Journal of Finance 64*, 2089–2123.

Duffie, D. and D. Lando (2001). Term Structures of Credit Spreads with Incomplete Accounting Information. *Econometrica 69*, 633–664.

Duffie, D., J. Pan, and K. Singleton (2000). Transform Analysis and Asset Pricing for Affine Jump-Diffusions. *Econometrica 68*, 1343–1376.

Duffie, D., L. Saita, and K. Wang (2007). Multi-Period Corporate Default Prediction with Stochastic Covariates. *Journal of Financial Economics 83*, 635–665.

Eckner, A. (2009). Computational Techniques for Basic Affine Models of Portfolio Credit Risk. *Journal of Computational Finance 13*, 63–97.

Eraker, B., M. Johannes, and N. Polson (2003). The Impact of Jumps in Volatility and Returns. *Journal of Finance 58*, 1269–1300.

Fisher, E., R. Heinkel, and J. Zechner (1989). Dynamic Capital Structure Choice: Theory and Tests. *Journal of Finance 44*, 19–40.

Fons, J. (1991). An Approach to Forecasting Default Rates. Working Paper, Moody's Investors Services.

Gelman, A., J. B. Carlin, H. S. Stern, and D. B. Rubin (2004). *Bayesian Data Analysis, 2nd Edition*. New York: Chapman and Hall.

Geman, S. and D. Geman (1984). Stochastic Relaxation, Gibbs Distributions, and the Bayesian Restoration of Images. *IEEE Transactions on Pattern Analysis and Machine Intelligence 6*, 721–741.

Giesecke, K. (2004). Correlated Default with Incomplete Information. *Journal of Banking and Finance 28*, 1521–1545.

Gordy, M. (2003). A Risk-Factor Model Foundation for Ratings-Based Capital Rules. *Journal of Financial Intermediation 12*, 199–232.

Hammersley, J. and P. Clifford (1970). Markov Fields on Finite Graphs and Lattices. Working Paper, Oxford University.

Harrison, M. and D. Kreps (1979). Martingales and Arbitrage in Multiperiod Security Markets. *Journal of Economic Theory 20*, 381–408.

Hastings, W. K. (1970). Monte-Carlo Sampling Methods using Markov Chains and Their Applications. *Biometrika 57*, 97–109.

Hillegeist, S. A., E. K. Keating, D. P. Cram, and K. G. Lundstedt (2004). Assessing the Probability of Bankruptcy. *Review of Accounting Studies 9*, 5–34.

Jacobsen, M. (2006). *Point Process Theory and Applications: Marked Point and Piecewise Deterministic Processes*. Boston, Birkhäuser.

Jarrow, R., D. Lando, and F. Yu (2005). Default Risk and Diversification: Theory and Applications. *Mathematical Finance 15*, 1–26.

Jarrow, R. and F. Yu (2001). Counterparty Risk and the Pricing of Defaultable Securities. *Journal of Finance 56*, 1765–1800.

Johannes, M. and N. Polson (2009). MCMC Methods For Continuous-Time Financial Econometrics. In Y. Ait-Sahalia and L. Hansen (Eds.), *Handbook of Financial Econometrics, Volume 2 Applications*, Chapter 1, pp. 1–72. Amsterdam: Elsevier.

Jonsson, J. and M. Fridson (1996, June). Forecasting Default Rates on High-Yield Bonds. *The Journal of Fixed Income*, 69–77.

Jorion, P. and G. Zhang (2007). Good and Bad Credit Contagion: Evidence from Credit Default Swaps. *Journal of Financial Economics 84*, 860–883.

Kass, R. and A. Raftery (1995). Bayes Factors. *Journal of The American Statistical Association 90*, 773–795.

Kavvathas, D. (2001). Estimating Credit Rating Transition Probabilities for Corporate Bonds. Working Paper, University of Chicago.

Kealhofer, S. (2003, January–February). Quantifying Credit Risk I: Default Prediction. *Financial Analysts Journal*, 30–44.

Koopman, S., A. Lucas, and A. Monteiro (2008). The Multi-State Latent Factor Intensity Model for Credit Rating Transitions. *Journal of Econometrics 142*, 399–424.

Koopman, S., A. Lucas, and B. Schwaab (2010). Macro, Frailty, and Contagion Effects in Defaults: Lessons from the 2008 Credit Crisis. Working Paper, University of Amsterdam.

Kusuoka, S. (1999). A Remark on Default Risk Models. *Advances in Mathematical Economics 1*, 69–82.

Lando, D. and M. S. Nielsen (2009). Correlation in Corporate Defaults: Contagion or Conditional Independence? Working Paper, University of Copenhagen.

Lando, D. and T. Skødeberg (2002). Analyzing Rating Transitions and Rating Drift with Continuous Observations. *Journal of Banking and Finance 26*, 423–444.

Lane, W. R., S. W. Looney, and J. W. Wansley (1986). An Application of the Cox Proportional Hazards Model to Bank Failure. *Journal of Banking and Finance 10*, 511–531.

Lang, L. and R. Stulz (1992). Contagion and Competitive Intra-Industry Effects of Bankruptcy Announcements. *Journal of Financial Economics 32*, 45–60.

Lee, S. H. and J. L. Urrutia (1996). Analysis and Prediction of Insolvency in the Property-Liability Insurance Industry: A Comparison of Logit and Hazard Models. *The Journal of Risk and Insurance 63*, 121–130.

Leland, H. (1994). Corporate Debt Value, Bond Covenants, and Optimal Capital Structure. *Journal of Finance 49*, 1213–1252.

Lennox, C. (1999). Identifying Failing Companies: A Reevaluation of the Logit, Probit, and DA Approaches. *Journal of Economics and Business 51*, 347–364.

Lo, A. (1986). Logit versus Discriminant Analysis: Specification Test and Application to Corporate Bankruptcies. *Journal of Econometrics 31*, 151–178.

McDonald, C. G. and L. M. Van de Gucht (1999). High-Yield Bond Default and Call Risks. *Review of Economics and Statistics 81*, 409–419.

Mengersen, K. and R. L. Tweedie (1996). Rates of Convergence of the Hastings and Metropolis Algorithms. *Annals of Statistics 24*, 101–121.

Merton, R. C. (1974). On the Pricing of Corporate Debt: The Risk Structure of Interest Rates. *Journal of Finance 29*, 449–470.

Metropolis, N. and S. Ulam (1949). The Monte Carlo Method. *Journal of The American Statistical Association 44*, 335–341.

Meyer, P.-A. (1971). Représentation Intégrale des Fonctions Excessives. Résultats de Mokobodzki. In P.-A. Meyer (Ed.), *Séminaire de Probabilités V*, Volume 191 of *Lecture Notes in Mathematics*, Berlin: Springer, pp. 196–208.

Nielsen, S. F. (2000). The Stochastic EM Algorithm: Estimation and Asymptotic Results. *Bernoulli 6*, 457–489.

Pickles, A. and R. Crouchery (1995). A Comparison of Frailty Models for Multivariate Survival Data. *Statistics in Medicine 14*, 1447–1461.

Prahl, J. (1999). A Fast Unbinned Test on Event Clustering in Poisson Processes. Working Paper, University of Hamburg.

Protter, P. (2004). *Stochastic Integration and Differential Equations, 2nd Edition*. New York: Springer-Verlag.

Rabiner, L. R. (1989). A Tutorial on Hidden Markov Models and Selected Applications in Speech Recognition. *Proceedings of the IEEE 77*, 257–285.

Robert, C. and G. Casella (2005). *Monte Carlo Statistical Methods, (2nd Edition)*. New York: Springer Verlag.

Salmon, F. (2009). Recipe for Disaster: The Formula that Killed Wall Street. *Wired Magazine*, February 23, 2009.

Schönbucher, P. (2003). Information Driven Default Contagion. Working Paper, Eidgenössische Technische Hochschule, Zurich.

Schönbucher, P. and D. Schubert (2001). Copula Dependent Default Risk in Intensity Models. Working Paper, Bonn University.

Shumway, T. (2001). Forecasting Bankruptcy More Accurately: A Simple Hazard Model. *Journal of Business 74*, 101–124.

Smith, A. F. M. and D. J. Spiegelhalter (1980). Bayes Factors and Choice Criteria For Linear Models. *Journal of the Royal Statistical Society: Series B 42*, 213–220.

Tanner, M. A. (1998). *Tools for Statistical Inference: Methods for the Exploration of Posterior Distributions and Likelihood Functions, 3rd Edition*. New York: Springer-Verlag.

Vasicek, O. (2004). Probability of Loss on Loan Portfolio. In P. Carr (Ed.), *Derivatives Pricing*, Chapter 9. London: Risk Books.

Vassalou, M. and Y. Xing (2004). Default Risk in Equity Returns. *Journal of Finance 59*, 831–868.

Wei, G. C. and M. A. Tanner (1990). A Monte Carlo Implementation of the EM Algorithm and The Poor Man's Data Augmentation Algorithm. *Journal of The American Statistical Association 85*, 699–704.

Wu, C. F. J. (1983). On the Convergence Properties of the EM Algorithm. *Annals of Statistics 11*, 95–103.

Yu, F. (2003). Default Correlation in Reduced Form Models. *Journal of Investment Management 3*, 33–42.

Yu, F. (2005). Accounting Transparency and the Term Structure of Credit Spreads. *Journal of Financial Economics 75*, 53–84.

Zhang, Z. (2009). Recovery Rates and Macroeconomic Conditions: The Role of Loan Covenants. Working Paper, Boston College.

Zhou, C. (2001). An Analysis of Default Correlation and Multiple Defaults. *Review of Financial Studies 14*, 555–576.

术语对照表

abuse of notation	符号滥用
accounting ratio	财务比率
accuracy ratio	精度比
ad-hoc function	特设函数
affine	仿射
arbitrage-free	无套利
default arrival	违约到达
arrival rate	到达率;发生率
asymptotic standard error	渐近标准误
autoregressive	自回归
backward Kolmogorov	后向科尔莫哥洛夫方程
Bayes' Rule	贝叶斯法则
Bayesian posterior density	贝叶斯后验密度
book liability	账面负债
bruteforce	暴力算法
burn-in sample	烧机样本

call	看涨
collateralized debt obligations(CDOs)	担保债务凭证
conditioning date	基准日
conditional default probability	条件违约概率
conservatorship	接管
Copula model	Copula 模型
corporate default risk	公司违约风险
countercyclical	逆周期
covariate	协变量
credit default swaps	信用违约掉期
credit spread	信用利差
d-demensional Markov process	d 维马尔可夫过程
decouple	解耦
default cluster	违约聚类
default correlation	违约相关性
default intensity	违约强度
default indicator	违约示性函数
default probability	违约概率
defaultintensity process	违约强度过程
distance to default	违约距离
doubly-stochastic	双随机
duration model	久期模型
EM algorithm	EM 算法
endogenous	内生的

ergodic theorem	遍历定理
ex-ante	事前估计
expost	事后估计
firm-specific	企业特有的
Fisher dispersion test	Fisher 分散度检验
fixed effect	固定效应
forward-backward algorithm	前向—后向算法
frailty	脆弱性
Gaussian first-order vector	Gaussian(高斯)一阶向量
Gaussian kernel smoother	Gaussian 核平滑
geometric Brownian motion	几何布朗运动
Gibbs sampler	Gibbs 抽样
goodness-of-fit test	拟合优度检验
granularity	粒度性
hazard rate	风险率
Hessian matrix	海森矩阵
heterogeneity	异质性
hindsight bias	后视偏差
independent and identically distributed(iid)	独立同分布
indicator	示性函数
indicator process	示性过程
isocurve	等参数曲线
iterative method	迭代法
Jocabian matrix	雅可比矩阵
joint probability distribution	联合概率分布
joint-normal density	联合正态密度

law of iterated expectations	期望迭代法则
left sensoring	左截尾
macroeconomic variable	宏观经济变量
marginal distribution	边缘分布
Markov Chain Monto Carlo(MCMC)	马尔可夫链蒙特卡罗(MCMC)
martingale	鞅
martingale property	鞅性
mean reversion	均值回复
mis-specification	设定偏误
Monto Carlo integration	蒙特卡罗积分法
out-of-sample test	样本外检验
parameter vector	参数向量
Poisson process	泊松过程
Poisson random variable	泊松随机变量
portfolio default risk	组合违约风险
posterior odds ratio	后验优势比
posterior probability distribution	后验概率分布
power curve	功效曲线
Prahl test	Prahl 检验
probability measure	概率测度
radom walk	随机游走
receivership	破产接管
reciprocal	倒数
recursion	递归
reduced-form	简约形式

right sensoring	右截尾
risk premia	风险溢价
risk-neutral	风险中性
sample moment	样本矩
scaling factor	换算系数
secritized credit product	证券化信用产品
smooth function	光滑函数
standard deviation	标准差
state space	状态空间
stochastic intensity	随机强度
stopping time	停时
structural model of default	违约结构模型
subset	子集
survival probability	生存概率
term structure	期限结构
time to maturity	到期时间
time-homogeneous Markov process	时齐马尔可夫过程
time-series behavior	时间序列行为
time-varying covariate	时变协变量
maximum likelihood estimation	极大似然估计
trailing stock return	往期股票累计回报
transition probability	转移概率
Trcasury bill	国库券
two-factor affine term-structure model	二因素仿射期限结构模型

regularity conditions	正则条件
unobservable covariate	不可观测协变量
upper quartile	上四分位
upper tail	上尾
value-at-risk	在险价值
volatility-adjusted leverage measure	经波动性调整的杠杆工具

图书在版编目(CIP)数据

公司违约风险测度/(美)达菲著；王蕾译.—上海：格致出版社：上海人民出版社,2014
（高级金融学译丛）
ISBN 978 - 7 - 5432 - 2432 - 2

Ⅰ.①公… Ⅱ.①达… ②王… Ⅲ.①上市公司-贷款风险-研究 Ⅳ.①F276.6 ②F830.5

中国版本图书馆 CIP 数据核字(2014)第 190837 号

责任编辑　王韵霏
装帧设计　人马艺术设计·储平

高级金融学译丛

公司违约风险测度

[美]达雷尔·达菲 著　王蕾 译

出　版	世纪出版股份有限公司　格致出版社 世纪出版集团　上海人民出版社 （200001　上海福建中路 193 号　www.ewen.co）	印　刷	上海市印刷十厂有限公司
		开　本	720×1000　1/16
		印　张	9
	编辑部热线　021-63914988 市场部热线　021-63914081 www.hibooks.cn	插　页	2
		字　数	101,000
		版　次	2014 年 10 月第 1 版
发　行	上海世纪出版股份有限公司发行中心	印　次	2014 年 10 月第 1 次印刷

ISBN 978 - 7 - 5432 - 2432 - 2/F · 778　　　　　　　　　　　　定价:32.00 元